Studies in Caribbean Spanish Dialectology

GEORGETOWN UNIVERSITY PRESS

Romance Languages and Linguistics Series

A COURSE IN ROMANCE LINGUISTICS. VOL. 1: A SYNCHRONIC VIEW
Frederick B. Agard

A COURSE IN ROMANCE LINGUISTICS. VOL. 2: A DIACHRONIC VIEW
Frederick B. Agard

PASSIVE SENTENCES IN ENGLISH AND PORTUGUESE
Milton M. Azevedo

A CONTRASTIVE PHONOLOGY OF PORTUGUESE AND ENGLISH
Milton M. Azevedo

FROM LATIN TO ROMANCE IN SOUND CHARTS
Peter Boyd-Bowman

THE SOUND SYSTEM OF FRENCH
Jean Casagrande

A DICTIONARY OF INFORMAL BRAZILIAN PORTUGUESE
Bobby J. Chamberlain and Ronald M. Harmon

SPANISH IN THE AMERICAS
Eleanor Greet Cotton and John M. Sharp

SPANISH PHONOLOGY AND MORPHOLOGY: A GENERATIVE VIEW
William W. Cressey

INTRODUCCION A LA HISTORIA DE LA LENGUA ESPAÑOLA
Melvyn C. Resnick

SYNTAX AND SEMANTICS OF SPANISH PRESENTATIONAL SENTENCE-TYPES
Margarita Suñer

SPANISH/ENGLISH CONTRASTS: A COURSE IN SPANISH LINGUISTICS
M. Stanley Whitley

See p. 146 for additional titles of interest.

Studies in Caribbean Spanish Dialectology

Robert M. Hammond
Melvyn C. Resnick
editors

Georgetown University Press, Washington, D.C.

Table from Paula Menyuk, The acquisition and development of language, © 1971, p. 76, reprinted by permission of Prentice-Hall, Inc., Englewood Cliffs, New Jersey.

Printed in the United States of America

Library of Congress Cataloging-in-Publication Data

Studies in Caribbean Spanish dialectology / Robert M. Hammond, Melvyn C. Resnick
p. cm.
"Proceedings of the 8th Simposio sobre Dialectología del Caribe Hispánico"—
Bibliography: p.
ISBN 0-87840-098-2 (pbk.)
1. Spanish language—Dialects—Caribbean Area—Congresses.
I. Hammond, Robert M. (Robert Matthew), 1943- . II. Resnick, Melvyn C. III. Simposio sobre Dialectología del Caribe Hispánico.
PC4838.A45 1988
467'.9729—dc 19

88-4340
CIP

Contents

Introduction: Dialects of Caribbean Spanish and linguistic theory

Robert M. Hammond
Purdue University

Melvyn C. Resnick
University of North Carolina at Charlotte

By the time the first Simposio de Dialectología del Caribe Hispánico took place in April 1976 in San Juan, Puerto Rico, linguistic theory had undergone a revolution and subsequent major restructurings. A decade earlier, transformational grammar had supplanted American structuralism, which previously had provided a stable if self-limiting theoretical framework for research, and which had remained in vogue, or at least in contention, into the 1960s. Even prior to the publication of *Syntactic structures* (Chomsky 1957) and the launching of the Chomskian revolution, we find important underlying notions of modern phonological theory in Jakobson, Fant, and Halle's 1951 *Preliminaries to speech analysis.* Eleven years later, generative phonology was explicitly formulated (Halle 1962). *Aspects of the theory of syntax*, Chomsky's first major modification of transformational (now transformational-generative or simply generative) grammar, appeared in 1965 and was followed in 1968 by Chomsky and Halle's long-awaited *The sound pattern of English.*

These works set the stage for a new surge of research on English and other languages, research that dominated professional meetings and journals. The process of interpreting, testing, and refining variations of what was to become known as 'standard' theory led to dissension and ultimately to the formulation of extensive modifications. Some of the proposed modifications to standard phonological theory were those of Anderson 1969; Brame and Bordelois 1973, 1974; Hooper 1973; Kenstowitz and Kisseberth 1970, 1973; Kiparsky 1973; Kisseberth 1972, 1973; and

Stampe 1972. Dissertations by Goldsmith (1976) and Leben (1973) represented important foundations for current nonlinear phonological models.

Analyses of data from non-Caribbean Spanish were being used to test the validity of different aspects of the various generative models. Representative works are Bordelois 1974; Brame and Bordelois 1973, 1974; Cressey 1966; Foley 1965; Hadlich 1973; Harris 1969, 1973, 1974; Perlmutter 1971; Sableski 1965; Saciuk 1969; Suñer 1974; and Szabo 1974.

When the first Simposio de Dialectología del Caribe Hispánico was held in 1976, a few theoretical studies had just appeared or were in the process of being published. The following applied data from Caribbean Spanish to the discussion of issues in current phonological theory: Bjarkman 1976; Guitart 1973, 1975; Hammond 1976a, 1976b; Nuñez Cedeño 1977; Terrell 1975a, 1975b, 1976a, 1976b; and Vallejo-Claros 1970.[1] To attempt a bibliography of all such studies completed since the first Simposio would be a formidable task, as the number has increased enormously.

Since that initial meeting of linguists who combined a strong background in current linguistic theory with a primary interest in the Spanish of the Caribbean, seven more symposia have followed: two in Puerto Rico, two in the Dominican Republic, two in Florida, and one in Venezuela. This ongoing forum for dialog and the presentation and publication of research by linguists trained in the United States and Latin America has served to hasten the evolution of current linguistic theory from its transformational-generative-grammar standard-theory beginnings to its present stage of nonlinear phonology, and government and binding.[2]

Among the numerous topics of theoretical interest that have been formally discussed at these meetings are the following: syntactic and semantic constraints on deletion, phonological filtering, global rules, natural generative phonology, natural phonology, rule ordering, abstractness, the role of the syllable, compensatory lengthening, consonant strength scales, weakening and strengthening processes, linear versus nonlinear phonological models, and markedness.

The majority of papers presented at each of the simposia have dealt with phonology and phonological theory; many have correlated phonological, morphosyntactic, or lexical features with sociolinguistic factors and have provided both new data and revised theoretical constructs; several papers have dealt with the sociology of language. The following sociolinguistically oriented themes have been represented: clitic formation, consonant deletion, *le/lo* alternation, linguistic interference, bilingualism, and language attitudes.

Tracing the course of the papers presented since 1976, we see that the progress of the theoretical models employed in each symposium closely mirrors the evolution of linguistic theory during the same years. It seems natural that Caribbean Spanish dialects should have provided a wealth of data for the testing of theoretical constructs, especially in phonology, given the nature of the well-known processes that make these dialects such fruitful objects of study, processes such as /s/ deletion, 'liquid gliding', syllable-final /r/-/l/ neutralization, and word-final /n/ velarization. Beyond merely observing that these and other processes do occur in Caribbean Spanish at quantifiable rates that can be correlated with different sociolinguistic factors, we have questioned why these processes occur and what their occurrence tells us, or should tell us, about the theoretical model we are utilizing. It should not be surprising, therefore, that the published proceedings of the symposia have been referred to in so many theoretically based studies that have appeared in the past ten years.

Many of the papers presented at the first symposium in 1976 utilized data from Caribbean Spanish to support the standard generative theory within which the studies were carried out. Stampe's 1972 dissertation on natural phonology was supported by data from Caribbean Spanish in Bjarkman 1976. Likewise, Hooper (1973, 1976) employed data from Caribbean Spanish in proposing her natural generative phonology model, as did Hooper and Terrell (1976) in supporting it.

With the advent and acceptance of nonlinear phonology in recent years, data from Caribbean Spanish are being utilized to motivate autosegmental, lexical, and metrical frameworks. In a major work on nonlinear phonology, Harris 1983a makes extensive use of data from Caribbean Spanish to motivate his model. In many other theoretical studies presented to motivate nonlinear phonological models, processes are exemplified extensively with data from Caribbean Spanish; the following works are representative: Guitart 1986; Hammond 1986b; Harris 1986a, 1986b; and Nuñez-Cedeño 1985, 1986.

The thirteen studies included in this volume were presented at the VIII Simposio sobre Dialectología del Caribe Hispánico, held at Florida Atlantic University, in Boca Raton, Florida, April 27-29, 1984. They are arranged in alphabetical order by author. Seven of the studies deal with phonology, three with syntax, two with bilingualism, and one with lexicology. Most are theoretical in nature, and several have a sociolinguistic orientation. It is expected that the volume will continue the dual tradition of providing both useful data and a forum for their application.

Notes

1. Other studies that were primarily data oriented (some largely impressionistic, some carefully wrought) offer information of varying quality on insular and continental varieties of Caribbean Spanish. See, e.g., the following.

Dominican Republic: Henríquez Ureña 1940, Jiménez Sabater 1975, Jorge Morel 1974, Navarro Tomás 1956. Although Solé's bibliography

(1970:140-42) lists 18 entries for the Dominican Republic between 1920 and 1967, only those by Henríquez Ureña and Navarro Tomás represent scholarly research.

Puerto Rico: Granda 1966, Matluck 1961, Navarro Tomás 1948, Rosario 1970 and 1974, and a series of published and uncirculated-unpublished M.A. and Ph.D. theses done at the University of Puerto Rico in an effort to remap the island through comparison of the writers' gathered data with those of Navarro Tomás 1948. A synthesis appears in Vaquero de Ramírez 1972.

Cuba: Hammond 1976b:13-82 reviews 17 published works and six theses, half of which have appeared since 1970. Almost all of the recent research deals with Cuban Spanish outside Cuba, from Miami (Resnick and Hammond 1975) to Bucharest (Isbasescu 1968).

Other Caribbean islands: only isolated items, e.g., Thompson 1957.

Coastal Colombia: a lifetime of research, with several important items on coastal *departamentos*, by Luis Flórez, José Joaquín Montes, and other researchers of the Instituto Caro y Cuervo, published primarily in its books and its journal *Thesaurus*.

Coastal Venezuela: nonsystematic studies by Angel Rosenblat; other scattered items.

See Canfield 1981 for a global view of Spanish dialects. Resnick 1975 summarizes the data of many of these studies, including the Puerto Rican theses.

2. While Puerto Rico, the Dominican Republic, Venezuela, and the United States have been well represented at the simposia, researchers from coastal Colombia, the island of Cuba, Central America, and the Gulf Coast of Mexico have been notably absent.

Estudio sociolingüístico de la variación de las líquidas finales de palabra en el español cibaeño

Orlando Alba
Universidad Católica Madre y Maestra
Santiago, República Dominicana

1. Antecedentes. Varios autores han resaltado la gran variabilidad que presentan las consonantes /r/ y /l/ finales de sílaba en el español dominicano. Henríquez Ureña (1975:147 y 148) afirma que 'sufren transformaciones curiosas por lo variadas, que se excluyen unas a otras, si bien puede ocurrir que en la dicción de una misma persona alternen las formas.' Navarro Tomás (1956:424), por su parte, sostiene que 'las modificaciones de las finales *l* y *r* juntamente con las de la *s* en esa misma posición constituyen la materia más imprecisa y variable de la pronunciación dominicana.' Jiménez Sabater (1975:89) ratifica lo señalado por el fonetista español declarando que las alteraciones fonéticas de la /r/ y la /l/ implosivas 'constituyen el rasgo más típico y variado del habla dominicana.' Agrega que la neutralización de esos fonemas está muy extendida, tanto diatópica como diastráticamente.

Entre las variantes de esos fonemas que los referidos autores enumeran se encuentran:

(1) sonido intermedio entre *l* y *r*: *palte/parte* 'parte'
(2) asimilación a la consonante siguiente: *aggo* 'algo', *bacco* 'barco'
(3) elisión: *poque* 'porque', *faci* 'fácil'
(4) vocalización en *i*: *aito* 'alto', *comei* 'comer'
(5) aspiración faríngea de la *r*: *gobiehno* 'gobierno'
(6) lateralización de la *r*: *puelta* 'puerta', *mejol* 'mejor'

Frente a esa amplia gama de posibilidades que se manifiestan a lo largo del país, cada zona geográfica, según esos mismos autores, exhibe una notable homogeneidad caracterizada por el empleo preferente o predominante de una de esas variantes. Henríquez Ureña sólo ubica la vocalización, sobre la que afirma, 'Donde ocurre este cambio, se dan poco los demás; las regiones que ocupa son las de los campos del Cibao, en el norte . . .' (1975:149). Según el filólogo dominicano, pues, se trata de un fenómeno rural y mayoritario, es decir, tan abundante que casi excluye las demás posibilidades.

Jiménez Sabater (1975:104), a su vez, delimita cinco zonas dialectales en el país diferenciadas por la variante utilizada:

(1) Zona norte o Cibao. Predominio casi sistemático de la vocalización en *i*: *faida* 'falda'
(2) Zona suroeste. Predominio de la variante [r]: *farda*
(3) Zona sudeste. Predominio de la asimilación a la consonante siguiente: *fadda*
(4) Distrito Nacional. Predominio de la lateralización de /r/: *puelta*
(5) Mitad oriental de la península de Samaná. Mayor complejidad que las otras a causa de la influencia del Cibao, del este, así como del inglés y del dialecto haitiano.

El autor esboza también una oposición entre la pronunciación urbana y la rural. En el Cibao esta oposición se manifestaría por una tendencia a la elisión de la variante vocalizada en la zona urbana frente a su mantenimiento sistemático en el campo.

Recientemente, sin embargo, han sido puestas en entredicho esas apreciaciones generalizadoras que atribuyen al Cibao una gran homogeneidad con el uso predominante de la variante vocalizada de /r/ y /l/. Rojas (1982:273-85), mediante un análisis cuantitativo del fenómeno de la vocalización en una comunidad rural cibaeña, descubre que el porcentaje global de variantes vocalizadas es de 30%, cifra muy inferior a la que sugieren las observaciones y los datos no cuantificados de Henríquez Ureña y Jiménez Sabater. Según Rojas (1982:277), el dialecto cibaeño utiliza la forma estándar propia del español general en un 50% de los casos para /r/ y en un 70% cuando se trata de /l/.

2. Delimitación del problema: Objetivos. Hasta la fecha ningún investigador ha dedicado atención al estudio de la variación de las líquidas en una comunidad urbana del Cibao. Tampoco se han realizado comparaciones de carácter sociolingüístico que verifiquen el alcance y la difusión diastrática del tantas veces citado fenómeno de la vocalización.

Este estudio sólo pretende aportar información y datos objetivos que permitan profundizar en el futuro el conocimiento del problema. Se tratará de mostrar que:

(a) la condición socioeconómica y la edad son factores que influyen significativamente en el proceso de variación de las líquidas;
(b) contra la creencia generalizada, la vocalización no es la manifestación más frecuente de /r/ y /l/ finales de palabra en el sociolecto bajo de Santiago;
(c) el segmento /l/ exhibe mayor resistencia que /r/ al proceso de cambio, especialmente en lo referente a la elisión;
(d) el carácter acentuado o inacentuado de la palabra y la naturaleza del segmento fonológico siguiente condicionan fuertemente la variabilidad de las líquidas finales.

Se analizan para estos fines los datos de 12 hablantes urbanos de Santiago, capital del Cibao. Ocho de ellos son obreros pertenecientes al nivel socioeconómico bajo (ingresos inferiores a 200 pesos dominicanos mensuales) y cuatro son profesionales ubicados en el sector socioeconómico alto. Cuatro de los obreros son jóvenes menores de 35 años y cuatro pertenecen a la vieja generación, con 50 años o más. Todos fueron seleccionados de un total de 35 informantes que componen la muestra de una investigación mayor.

De cada uno de los sujetos fueron analizados diez minutos de grabación de conversaciones libres y espontáneas.

3. Las variantes. Después de un análisis preliminar de dos de las 12 conversaciones fueron tomadas en consideración las siguientes variantes:

De /r/: [r] vibrante
[ř] fricativa
[ři] intermedia entre una fricativa muy relajada y el sonido vocalizado
[i] vocalizada
∅ elidida
[l] lateralizada

De /l/: [l] lateral
[li] intermedia entre una lateral relajada y el sonido vocalizado
[i] vocalizada
∅ elidida
[r] vibrante

4. Resultados globales de /r/ y /l/ finales de palabra. En los Cuadros 1 y 2 se ofrecen los porcentajes globales obtenidos, de los cuales es posible extraer una variada información.

Cuadro 1. Distribución de variantes de /r/ final de palabra según el factor socioeconómico en Santiago.

	Bajo	Alto
r	19%	43%
ř	27	47
ři	12	
i	23	
∅	18	9
l	1	1
N:	434	256

Cuadro 2. Distribución de variantes de /l/ final de palabra según el factor socioeconómico en Santiago.

	Bajo	Alto
l	51%	100%
li	15	
i	27	
∅	6	
r	1	
N:	277	285

En primer lugar, es significativa la oposición que se establece entre los dos grupos socioeconómicos. Frente al empleo sistemático y mayoritario de las variantes normales del español general por parte del sociolecto alto, que en el caso de la /l/ alcanza el límite máximo de 100%, el sociolecto bajo utiliza esas variantes con una frecuencia aproximada de 50%. Sin embargo, aparte de esa diferencia de proporción cuantitativa de las variantes estándares, hay que destacar de manera especial la distinción cualitativa que provoca la presencia en el grupo bajo de las variantes intermedia y vocalizada de /r/, y de la intermedia, la vocalizada y la elidida en el caso de la /l/. Todas esas variantes están ausentes del sociolecto alto, lo que les otorga un alto poder de discriminación.

Por otra parte, aunque el comportamiento de ambas líquidas es similar en cuanto a la frecuencia de aparición de las variantes intermedia y vocalizada, la /l/ muestra mayor resistencia que la /r/ al proceso de debilitamiento, de manera semejante a como sucede en el español de Caracas (D'Introno, Rojas y Sosa 1979:94). En el grupo bajo, en concordancia con los datos de Rojas (1982:278) sobre el dialecto cibaeño rural, esta situación se manifiesta en el mayor porcentaje de variantes estándares para /l/ y en su índice de elisión tres veces menor que el de /r/ (6% para /l/ y 18% para /r/). En el grupo alto las cifras son aun más drásticas ya que la /l/ se mantiene exenta de todo proceso de cambio.

Estos hechos parecen servir de apoyo a dos escalas de fuerza consonántica: (1) la propuesta por Hooper (1976:208) para el español en la que se asigna mayor fuerza a /l/ que a /r/; (2) la bidimensional formulada por D'Introno, Rojas y Sosa (1979:95) para el español de Caracas, según la cual se considera a la /l/ como 'mas fuerte,' entiéndase 'más estable,' que a la /r/. En ese sentido, tanto en el español caraqueño como en el de Santiago, los procesos de relajamiento a partir de /l/ son menos frecuentes que a partir de /r/.

Semejante hipótesis, sin embargo, obligaría a explicar el cambio tan frecuente en el Caribe de /r/ a /l/ como un proceso de refuerzo al final de sílaba y no de debilitamiento, como ya han señalado Núñez Cedeño (1980:96-98) y López Morales (1982). Como, por otro lado, también se registran casos de /l/ que se convierten en /r/ (cfr. Jiménez Sabater 1975:104), la solución sugerida por Núñez Cedeño (1980:97) consiste en asignarles a las líquidas fuerzas idénticas dentro de la escala.

No estaría de más señalar, asimismo, que la mayor fuerza mostrada por la /l/ en varios dialectos no se corresponde con la mayor dificultad que parecen tener los niños en el proceso de adquisición de su lengua al pronunciar la /r/ que al pronunciar la /l/. Este es un asunto, naturalmente, que requiere corroboración a través de estudios objetivos.

Cabe subrayar, en otro orden, el porciento relativamente bajo de vocalizaciones, según los Cuadros 1 y 2, registradas en el sociolecto bajo de Santiago. Las cifras son muy cercanas a las ofrecidas por Rojas (1982:274) para el dialecto rural de San Francisco de Macorís.

Esos índices (23% y 27%) no avalan la impresión generalizada de que en el Cibao hay un predominio casi sistemático de la vocalización. La vocalización es una de las diversas formas en que se manifiesta la compleja variabilidad de las líquidas en el Cibao, donde ocupan un lugar destacado las realizaciones estándares del español general y también ocurren con frecuencias variables la elisión y una variante intermedia entre la vocalizada y la líquida.

La lateralización de /r/ no sólo ofrece un índice insignificante sino que normalmente se produce delante de /l/, lo que permite considerarla como una asimilación y no como lateralización propiamente dicha. Igualmente despreciable es el porciento de /r/ procedente de /l/. Ambos cambios, por tanto, pueden considerarse inexistentes en el español de Santiago.

5. Variación de las líquidas según el factor generacional. La clasificación de los datos correspondientes al grupo socioeconómico bajo de acuerdo con la edad de los informantes permite descubrir una visible diferencia en la pronunciación de las líquidas. Los resultados obtenidos se recogen en la Gráfica 1.

Mientras los jóvenes se caracterizan por un empleo abundante de las variantes cultas (64% para /r/ y 71% para /l/) los viejos utilizan con mayor frecuencia la variante vocalizada (45% para /r/ y 47% para /l/). Entre los hablantes de la nueva generación, el índice de vocalizaciones es insignificante; en cambio, emplean con mayor frecuencia la realización mixta o intermedia. La diferencia creada por el factor generacional no es significativa en lo que concierne a la elisión. Incluso, los jóvenes sobrepasan a los viejos en el caso de la /l/.

Gráfica 1. Distribución de las variantes de /r/ y /l/ finales de palabra en el grupo bajo según la edad.

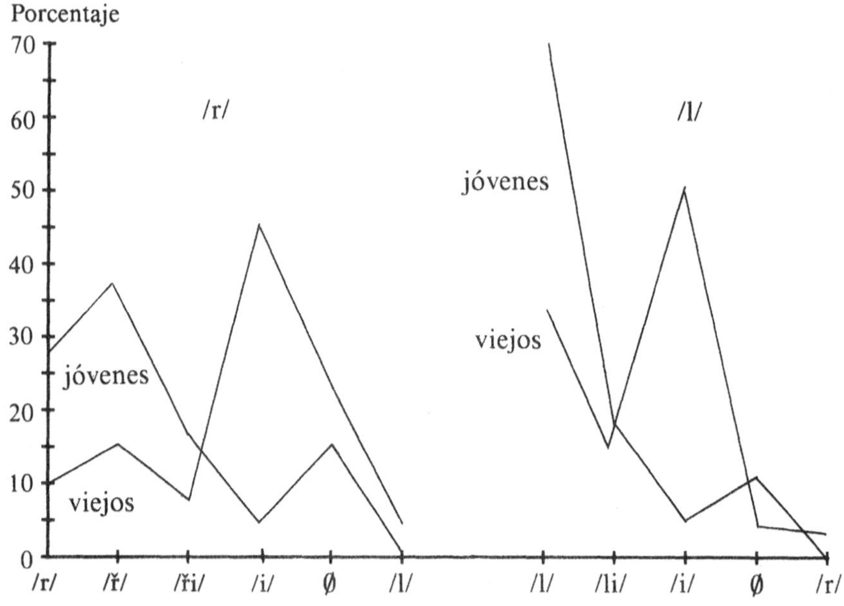

Estos hechos son reveladores de que, al menos en la zona urbana de Santiago, podría estar en marcha un cambio fonético en el que la vocalización experimenta un proceso de retroceso o reducción. Si a esta reducción del fenómeno en las nuevas generaciones socioeconómicamente bajas se añade su inexistencia en el habla del grupo alto, hay que concluir lógicamente que la vocalización carece de prestigio; es decir, se encuentra estigmatizada. Se confirma así, con datos cuantificados, un fenómeno que también se manifiesta a través de las ultracorrecciones que suelen ocurrir en determinadas situaciones: *acelte* por *aceite*, *Licer* por *Licey*, etc.

6. Presencia o ausencia de acento en la palabra. El total de /r/ y /l/ finales de palabra en el grupo bajo fue dividido en dos categorías: final de palabra inacentuada y final de palabra acentuada. En el caso de /r/ esta clasificación equivale a distinguir la preposición *por* (palabra sin acento) del resto de las palabras terminadas en /r/ (los infinitivos verbales y las formas del tipo *mejor, mujer, mar,* etc.). Para /l/ la división corresponde al artículo *el* (y sus contracciones *al* y *del*) frente al resto de los casos (el pronombre *él* y palabras como *general, fácil, mal,* etc.).

Los Cuadros 3 y 4 recogen los resultados obtenidos de acuerdo con esta división para /r/ y /l/, respectivamente.

Cuadro 3. Variantes de /r/ final según la presencia o ausencia de acento en la palabra. Grupo bajo.

	Inacentuada	Acentuada
/r/	51%	13%
/ř/	34	25
/ři/	4	14
/i/	6	25
∅	1	22
/1/	4	1
N:	77	353

Cuadro 4. Variantes de /l/ final según la presencia o ausencia de acento en la palabra. Grupo bajo.

	Inacentuada	Acentuada
/l/	54%	45%
/li/	17	11
/i/	28	26
∅	1	17
/r/		1
N:	197	78

Según se observa, el debilitamiento de las líquidas es menor cuando se encuentran en palabra átona, sin duda a causa de la mayor cohesión sintáctica y fonética del artículo y la preposición con los demás elementos del sintagma.

Dentro de la categoría de palabras átonas puede lucir contradictorio con los datos generales presentados anteriormente el hecho de que la /l/ exhiba un mayor nivel de debilitamiento que la /r/ en lo relativo a las variantes intermedia y vocalizada. Sin embargo, el problema se aclara cuando se analizan los datos de acuerdo con el contexto fonológico.

Los Cuadros 5 y 6 ponen de manifiesto que la /r/ final de palabra átona (*por*) se encuentra con menos frecuencia ante consonante que ante vocal. Inversamente, la /l/ del artículo (*el*, *al*, *del*) aparece delante de consonante casi cuatro veces más que delante de vocal. En vista de que el contexto prevocálico favorece la conservación de la líquida en palabra átona de forma categórica, como se verá más adelante, es lógico que la /r/ alcance un porcentaje global de variantes estándares más abultado que la /l/ en este tipo de palabra.

Cuadro 5. Variantes de /r/ final en el grupo bajo según el segmento fonológico siguiente y la presencia o ausencia de acento en la palabra.

	Ante vocal:		Ante consonante:		Ante pausa:	
	Acentuada	Inacentuada	Acentuada	Inacentuada	Acentuada	Inacentuada
/r/	26%	91%	6%	3%	12%	
/ř/	20	7	28	66	25	
/ři/	14		15	9	13	
/i/	13		28	14	32	
∅	26	2	23		16	
/l/	1			8	2	
N:	88	42	142	35	123	

Cuadro 6. Variantes de /l/ final en el grupo bajo según el segmento fonológico siguiente y la presencia o ausencia de acento en la palabra.

	Ante vocal:		Ante consonante:		Ante pausa:	
	Acentuada	Inacentuada	Acentuada	Inacentuada	Acentuada	Inacentuada
/l/	75%	100%	29%	42%	54%	
/li/	12.5		20	21	3	
/i/	12.5		29	35	26	
∅			20	1	17	
/r/			2	1		
N:	8	42	35	155	35	

Si en los Cuadros 5 y 6 se examina por separado la acción del segmento fonológico siguiente en los procesos de variación de /r/ y /l/, se descubre que los factores que más contribuyen al mantenimiento de la consonante son, en orden decreciente, la vocal, la pausa y la consonante siguientes. En contraposición, el proceso de vocalización es favorecido mucho menos por la presencia de una vocal que por pausa o por consonante.

La elisión de /r/ final de palabra acentuada, sin embargo, ofrece un resultado extraño ya que es precisamente la vocal siguiente el factor que más favorece el proceso, en franca contradicción con la teoría del reajuste silábico y la tendencia antihiática atribuida al español general. El mismo fenómeno es registrado también por Rojas (1982:281).

Cuando se correlacionan los dos tipos de factores se constata que delante de vocal, tanto el artículo *el* como la preposición *por* (palabras sin acento) conservan la consonante final en una forma categórica (*el amigo, por eso*), lo que equivale a decir que en este contexto se produce un bloqueo a la aplicación de las reglas de debilitamiento o cambio fonético que en otros contextos actúan variablemente. Debe advertirse que en este fenómeno de mantenimiento confluyen simultáneamente dos factores: la ausencia de acento en la palabra portadora de la líquida y la presencia de una vocal al inicio de la palabra siguiente. El primero de esos factores convierte al artículo y a la preposición en clíticos que necesariamente se adhieren y dependen de formas léxicas portadoras de la carga acentual y semántica del sintagma al que pertenecen. El segundo facilita la adhesión y la consiguiente conservación de la consonante, ya que permite un reajuste de la frontera silábica según el modelo universal CV. Dicho reajuste es fuertemente favorecido por el necesario apoyo en la palabra siguiente que requiere el clítico.

Si falta uno de esos dos factores, entonces el mantenimiento de la líquida no es categórico y pueden operar, con mayor o menor frecuencia, las reglas de debilitamiento. Así, por ejemplo, cuando la preposición *por* (palabra átona) va seguida de consonante, la vocalización se produce en el 14% de los casos (*poi ti*) y la lateralización (asimilación ante *l*) en un 8%. Asimismo, cuando la /r/ final pertenece a una palabra acentuada (como *jugar, mar, beber*) experimenta la vocalización en el 13% de los casos y la elisión en el 26% a pesar de que le siga una vocal (*bebei agua*).

Guitart (1980:5) intenta demostrar que el proceso de vocalización es independiente del acento. Argumenta que si bien el acento parece ser el factor decisivo en la diferente solución de *éi abisa* 'él avisa' y *el abiso* 'el aviso', el hecho de que la vocalización se dé al final del artículo cuando va seguido de consonante *ei bino* 'el vino' es una prueba de que el factor decisivo no es el acento sino el contexto fonético en que se encuentre la líquida, esto es, preconsonántico.

Por otra parte, Guitart propone que el verdadero contexto en que ocurre la vocalización no es el límite de sílaba sino la disyunción,

$$/ \ \_\_\_\_ \ \begin{cases} \text{Consonante} \\ \text{Límite de palabra} \end{cases}$$

lo que explicaría todos los casos excepto los de artículo o preposición seguidos de vocal (*el arte, por eso,*) en los que se mantiene intacta la consonante líquida.

Para resolver el problema, Guitart sugiere que en la gramática del cibaeño el artículo y la preposición quizá no tengan estatus de palabra, sino de clíticos. Así, el límite entre artículo y sustantivo o entre la preposición y su término no sería una frontera de palabra sino un límite de morfema cuya presencia no propiciaría la vocalización.

Como se ve, la solución propuesta descansa sobre el presupuesto de que el artículo y la preposición no son palabras sino morfemas. Pero tal suposición requeriría una fundamentación objetiva que no parece fácil de lograr. ¿Por qué no se supone también que el pronombre es un morfema? Resulta curioso que las dos palabras declaradas 'morfemas' son precisamente 'átonas.' Para mantener la coherencia habría que concebir como morfemas las formas pronominales átonas *me, te, se*; es decir, los clíticos. Y si el pronombre tónico *él* no se considera morfema, entonces resulta que la categoría pronombre unas veces sería palabra (cuando tiene acento) y otras veces sería morfema (cuando carece de acento), lo cual es inadmisible o, si se acepta, conlleva el reconocimiento de la pertinencia del acento en el problema.

En otras palabras, dado que las unidades que se consideran palabras contienen acento (según se deduce del planteamiento de Guitart) y en vista de que el contexto de la vocalización es (también según ese autor) la disyunción 'delante de consonante o de límite de palabra,' en este último caso no es posible probar que el proceso en cuestión sea independiente del acento.

Los resultados de este trabajo permiten concluir que el acento desempeña un papel en la variación de /r/ y /l/ finales de palabra, pero lo hace, sobre todo, concomitantemente con otro factor: la vocal siguiente. Una prueba de ello es que aun estando presente una vocal siguiente, el contexto que menos favorece la vocalización, si la líquida pertenece a una palabra con acento entonces puede producirse el cambio (*ei avisa, bebei agua*), como se ha indicado antes. Cuando los dos factores concurren simultáneamente, el enlace fonético es tan íntimo que la conservación de la consonante es sistemática, vale decir, obligatoria (*al otro, el avión, por ahí*).

La regla variable de vocalización al final de palabra en el sociolecto bajo de Santiago podría formularse, grosso modo, así:

(1)
$$\begin{Bmatrix} r \\ l \end{Bmatrix} \rightarrow \langle i \rangle \Big/ \begin{array}{l} \_\_\_\_ \# \\ \langle \text{palabra tónica} \rangle \_\_\_\_ \left\langle \begin{array}{c} P \\ C \\ V \end{array} \right\rangle \\ \langle \text{palabra átona} \rangle \_\_\_\_ C \end{array}$$

Esta regla expresa que las líquidas finales de palabra acentuada se pronunciarán variablemente como *i* semivocal más frecuentemente delante de pausa que de consonante y más delante de consonante que de vocal. Cuando la palabra es átona, el proceso sólo ocurre delante de consonante, ya que el artículo y la preposición no aparecen ante pausa; no obstante, cuando les sigue una vocal la regla no opera, según se ha reiterado.

La generalización anterior debe ser matizada para el caso de las palabras acentuadas ya que cuando la /r/ o la /l/ van precedidas por *i*, nunca se produce la vocalización. En su lugar se da con frecuencia variable la elisión. Así, el dialecto cibaeño es coherente con la restricción fonológica del español que impide toda secuencia tautosilábica de vocales idénticas. De igual modo, en los contados casos de palabras no agudas terminadas en /r/ o /l/ tampoco se produce la vocalización, lo cual responde también a la restricción que prohíbe la ocurrencia de diptongos átonos al final de palabra española.

Es necesario, por tanto, añadir una regla de elisión que se formularía así:

$$(2)\quad \mathrm{i} \longrightarrow \emptyset \;\Big/\; \left\{ \begin{bmatrix} \mathrm{V} \\ +\ \mathrm{alta} \\ -\ \mathrm{posterior} \end{bmatrix} \atop \begin{bmatrix} \mathrm{V} \\ -\ \mathrm{acento} \end{bmatrix} \right\} \underline{\quad\quad}\ \#\ \langle \text{palabra acentuada} \rangle$$

El postulado de que la regla de elisión parte de la semivocal y no directamente de la líquida se apoya en dos razones principales: (1) la elisión es la última etapa de un proceso gradual de debilitamiento dentro del cual la variante semivocalizada representa una etapa intermedia; (2) la elisión de la semivocal en ese contexto se justifica natural y coherentemente dentro del marco de la fonología española que, como se ha indicado, carece de diptongos de vocales repetidas y no admite la aparición de diptongos al final de palabra no aguda.

7. Conclusiones. Los resultados obtenidos en esta investigación permiten concluir que:

(a) El factor socioeconómico ejerce una influencia notable en los procesos de debilitamiento y cambio de las líquidas finales de palabra en Santiago. Al tiempo que los hablantes del grupo alto coinciden con los hablantes cultos de otras zonas hispánicas en el empleo predominante de las variantes estándares, el sociolecto bajo muestra una complejidad mayor. Junto a las variantes estándares se encuentran también la vocalizada, la mixta, la elidida. Tanto la vocalizada como la mixta crean una diferencia cualitativa entre los sociolectos por estar presentes en el bajo y ausentes en el alto.

(b) La diferencia de edad produce también un efecto considerable en la variación de /r/ y /l/. Los hablantes jóvenes del grupo bajo no favorecen la vocalización. Esta situación, unida a la inexistencia del fenómeno en el sociolecto alto, permite pensar que la vocalización está fuertemente estigmatizada y ha iniciado un proceso de reducción o retroceso. Un resultado similar obtiene

López Morales (1982) para el español de San Juan con respecto a la lateralización, fenómeno que no es favorecido por la joven generación.

(c) La acción simultánea de la ausencia de acento en la palabra portadora de la líquida y la presencia de una vocal siguiente impiden el debilitamiento de la consonante, que se mantiene intacta de manera categórica y constante. Cuando la palabra es tónica la regla de vocalización aplica variablemente con más frecuencia delante de pausa que de consonante y de consonante que de vocal.

(d) Las líquidas no se comportan de igual manera en todos los casos. La /l/ se muestra más resistente a la elisión que la /r/.

(e) Contra la creencia generalizada de que la vocalización es sistemática y predominante en los estratos sociales bajos del Cibao, la frecuencia con que se produce el fenómeno no alcanza el 30% de los casos de /r/ y /l/ en el sociolecto bajo de Santiago, si bien asciende a 45% en los hablantes pertenecientes a la vieja generación. Aunque estas cifras no son tan altas, el impacto que causa el fenómeno entre los hablantes de otros dialectos es muy fuerte por tratarse de una variante hasta cierto punto exótica, diferente de las generalmente conocidas en otras zonas hispánicas.

La posición del sujeto en el español de Caracas: Un análisis de los factores lingüísticos y extralingüísticos

Paola Bentivoglio
Universidad Central de Venezuela
Instituto de Filología 'Andrés Bello'

1. Introducción. En este trabajo presentaré algunas observaciones sobre la posición del sujeto respecto al verbo en el español de Caracas. Este análisis se inscribe dentro de las líneas de investigación trazadas en años recientes por Contreras 1976 y Silva Corvalán 1977, y se relaciona de manera muy directa con los trabajos de Morales 1982 y de Bentivoglio y Weber 1983, 1984 (en adelante BW).

Las motivaciones que me han llevado a reflexionar nuevamente sobre este tema son las siguientes: en primer término el deseo de verificar si, y en qué medida, los resultados obtenidos por BW en una investigación análoga son o no válidos para otro corpus del español; y, segundo, determinar si los factores extralingüísticos[1] son o no significativos por lo que respecta a la posición sujeto/verbo.

La presente investigación se basa en una muestra constituida por el habla de veinticuatro hablantes caraqueños, de edad entre los 30 y 45 años, clasificados por sexo (doce hombres y doce mujeres) y por niveles socioeconómicos (dos: alto y bajo). La muestra procede del corpus para estudios sociolingüísticos grabado en 1977 que reposa en los archivos del Instituto de Filología 'Andrés Bello' de la Universidad Central de Venezuela.

La hipótesis que me propongo comprobar es la ya sustentada en el trabajo mencionado de BW—y muy similar en sustancia a la de Morales 1982—es decir que las frases nominales con función de sujeto que se mencionan por primera vez tienden a aparecer en posición posverbal con mayor frecuencia que las ya mencionadas en el contexto precedente. Sin embargo, las correlaciones entre FRASES NOMINALES (en adelante FN) mencionadas por primera vez y posición posverbal, por una parte, y FN ya mencionadas y posición preverbal, por otra, lejos de ser absolutas, se manifiestan más bien de acuerdo a una escala de variabilidad determinada tanto por factores lingüísticos como extralingüísticos. El análisis de algunos de esos factores y la influencia que ellos tienen sobre la posición del sujeto constituyen el propósito de este trabajo.[2]

En la primera parte presentaré los datos analizados y la metodología empleada; en la segunda discutiré brevemente la clasificación funcional que he adoptado; en la tercera y la cuarta analizaré los datos de acuerdo a los factores lingüísticos y extralingüísticos; y finalmente expondré algunas conclusiones.

2. Los datos y la metodología. Del corpus mencionado he extraído 1014 cláusulas declarativas—principales y subordinadas (descontando de las subordinadas solamente las relativas de todo tipo)—cuyo sujeto explícito es una frase nominal stricto sensu, es decir una frase nominal cuyo núcleo es un sustantivo o un adjetivo sustantivado, pero no, por ejemplo, un infinitivo verbal o una cláusula encabezada por *que*. De las FN así definidas he excluido aquellas para las cuales es imposible—o muy difícil y por ende poco objetivo—establecer la unicidad de referencia previa, como por ejemplo *todo el mundo, la gente, las personas, las cosas, un tiempo*, etc., siempre y cuando estas FN no estuvieran especificadas—y por eso ancladas a un referente—por determinativos, cláusulas relativas, etc. Tampoco he tomado en consideración los usos impersonales de *haber* y *hacer*.[3]

En los cuadros que aparecerán a continuación CORPUS A refiere al corpus objeto de la presente investigación, mientras que CORPUS B refiere al corpus utilizado por BW, i.e., muestras extraídas del habla culta de Caracas, México, y Santiago de Chile.

Las 1014 cláusulas analizadas[4] están distribuidas por su forma—es decir, sujeto antepuesto al verbo (en adelante SV) y sujeto pospuesto al verbo (en adelante VS)—como lo muestra el Cuadro 1, donde podemos apreciar que en el Corpus A la posición de una FN-sujeto es preverbal en un 70% y posverbal en un 30%; en el Corpus B la posición preverbal de una FN-sujeto alcanza el 68% y la posverbal el 32%.[5]

Cuadro 1. Distribución de FN-sujeto según la forma (SV/VS).

	SV	VS	Totales	%SV	%VS
Corpus A	709	305	1014	70	30
Corpus B	239	114	353	68	32

La comparacíon de los resultados de dos córpora tan diferentes parece indicar que efectivamente, en el español hablado, la probabilidad de que el sujeto (si es una FN) se anteponga al verbo es de un 130% superior a la posposición del mismo, lo que comprueba una vez más que el orden sujeto-verbo (SV) es estadísticamente el preferido.

Los resultados del Cuadro 1, sin embargo, no arrojan ninguna luz sobre cómo los hablantes del español utilizan el recurso de la posición del sujeto respecto al verbo en cuanto instrumento de comunicación.

3. La clasificación. En vista de que la clasificación formal ya expuesta no ofrece respuestas satisfactorias al porqué un hablante prepone o pospone el sujeto al verbo, es necesario recurrir a otro criterio (similar en esencia al adoptado por Morales 1982), de acuerdo al cual todas las cláusulas han sido clasificadas en dos grupos, a saber: (1) las que contienen una FN-SUJETO QUE SE MENCIONA POR PRIMERA VEZ EN EL DISCURSO (en adelante FN-PM); (2) LAS QUE CONTIENEN UNA FN-SUJETO CUYO REFERENTE HA SIDO MENCIONADO PREVIAMENTE (en adelante FN-YM). Es de notar que esta clasificación se basa únicamente en la estructura del discurso y en el concepto de referencia.[6]

En el Cuadro 2, a continuación, están reflejados los resultados de la comparación entre ambos corpora respecto a la distribución de las FN-sujeto según la clasificación funcional propuesta.

Cuadro 2. Distribución de FN-sujeto según la función (PM/YM).

	PM	YM	Totales	%PM	%YM
Corpus A	405	609	1014	40	60
Corpus B	141	212	353	40	60

El Cuadro 2 demuestra que las FN-sujeto previamente mencionadas tienen mayores probabilidades de aparición—en el orden de aproximadamente el 50% más para ambos corpora (A y B)–que las mencionadas por primera vez. De todas maneras, la presencia de una FN-sujeto de por sí no revela si esa frase nominal aparece por primera vez en el discurso o si refiere a un participante continuo del mismo.

El Cuadro 3 combina los datos de acuerdo a la forma (anteposición o posposición del sujeto) y a la función (primera mención/previamente mencionado) en los dos corpora.

Cuadro 3. Distribución de FN-sujeto según forma (SV/VS) y función (PM/YM).

	Corpus A:					Corpus B:				
	SV	VS	Totales	%SV	%VS	SV	VS	Totales	%SV	%VS
PM	248	157	405	61	39	80	61	141	57	43
YM	461	148	609	76	24	159	53	212	75	25

La clasificación cruzada de las FN-sujeto por forma y función pone de relieve que los porcentajes presentados en los Cuadros 1 y 2 oscurecen la realidad lingüística subyacente a ellos: en efecto, el Cuadro 3 muestra que la posposición de una FN-sujeto se da con mayor frecuencia tanto en el corpus A (39%) como en el B (43%) cuando dicha FN es mencionada por primera vez; en cambio, el porcentaje de FN pospuestas se reduce a 24% en el Corpus A y a 25% en el B cuando el referente de esas FN ha sido introducido previamente en el discurso. Una vez más, el hecho de que los resultados arrojados por los análisis de ambos corpora sean tan similares me parece muy significativo y me inclina a confiar en la validez de los mismos.

Los resultados del Cuadro 3 prueban que la clasificación funcional de las FN-sujeto es, desde el punto de vista metodológico, necesaria para estudiar el problema de la posición del sujeto respecto al verbo. En lo sucesivo, todas las FN-sujeto que se analicen serán clasificadas en FN-PM y FN-YM.

4. Los factores lingüísticos. Los estudios realizados sobre el habla culta por BW han demostrado que entre los factores lingüísticos relevantes para la posición del sujeto, uno de los más importantes es la categoría a que pertenece el verbo de la cláusula bajo análisis. Lo mismo afirma Morales 1982, quien, para su estudio, ha tomado en cuenta diez diferentes categorías verbales. Yo me limitaré—para los fines del presente trabajo—a proponer una división de todos los verbos en cinco categorías, que por el momento me parecen suficientes para validar la hipótesis.[7]

Los verbos han sido clasificados en los siguientes grupos: (1) de reacción psicológica: *agradar, desagradar, gustar, preocupar*, etc.;[8] (2) existenciales: *existir, vivir*, etc.; (3) de movimiento y cambio interno: *llegar, subir, venir*, etc. y *crecer, desarrollarse*, etc.; (4) copulativos: *estar, ser*; (5) todos los demás.[9]

El Cuadro 4 concierne sólo a los datos del Corpus A.

Cuadro 4. FN-sujeto según forma, función, y categoría verbal.

Categoría verbal	PM:					YM:				
	SV	VS	Totales	%SV	%VS	SV	VS	Totales	%SV	%VS
1. Reacción psicológica	4	30	34	12	88	14	28	42	33	67
2. Existencial	8	23	31	26	74	25	17	42	60	40
3. Movimiento, cambio	38	54	92	41	59	91	54	145	63	37
4. Otro	121	40	161	75	25	196	31	227	86	14
5. Copulativo	77	10	87	88	12	135	18	153	88	12
Totales	248	157	405	61	39	461	148	609	76	24

Gráfico 1. Proyección de los porcentajes del Cuadro 4.

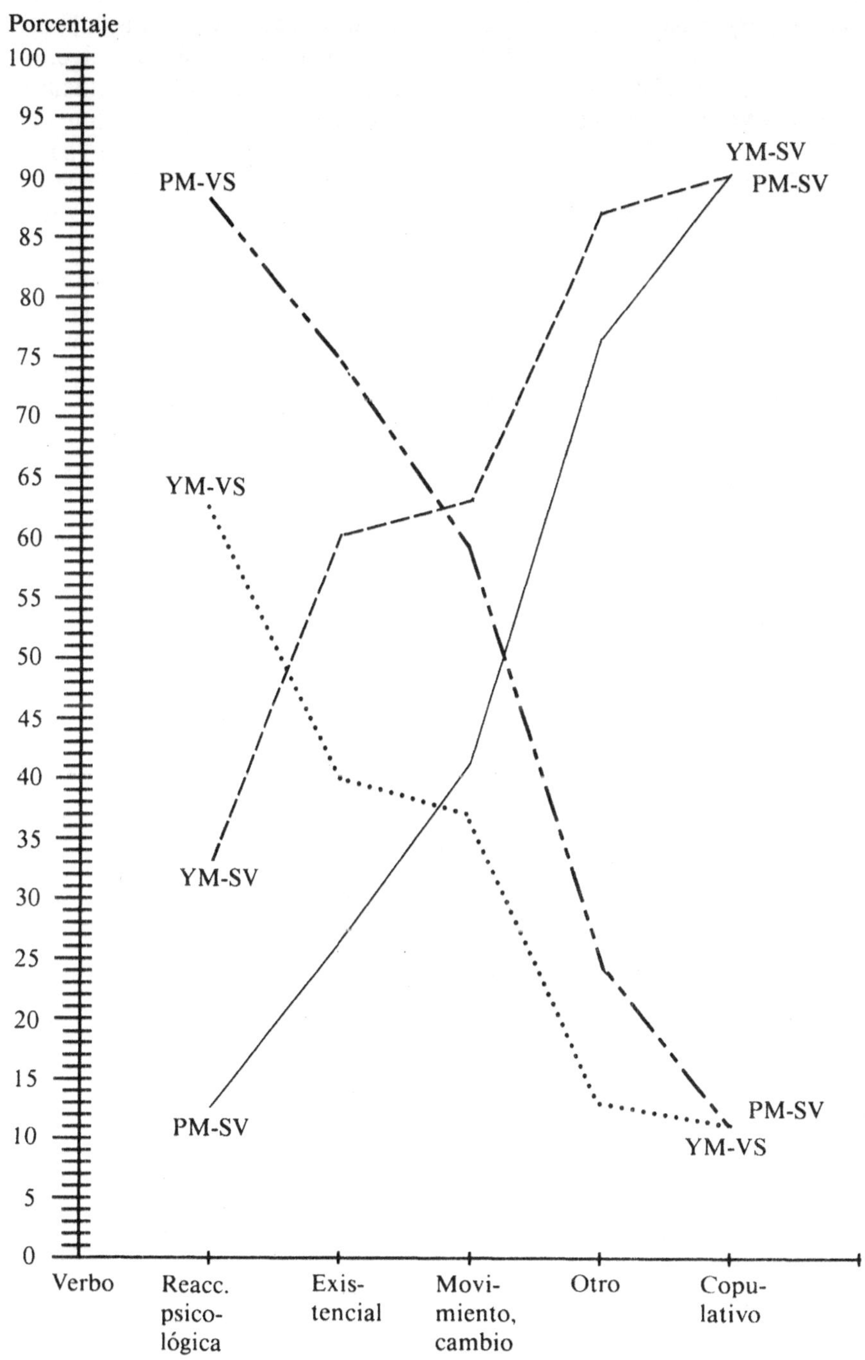

El Cuadro 4 y su correspondiente Gráfico 1 muestra que para ambos tipos de FN-sujeto (PM y YM) existe una escala determinada por la categoría verbal: para la posición preverbal (SV) el punto más bajo—es decir, el de menor porcentaje—está representado por los verbos de reacción psicológica (12% para FN-PM y 33% para FN-YM); los valores van gradualmente aumentando para ambos tipos de FN-sujeto hasta alcanzar el máximo de 88% cuando el verbo es copulativo. Inversamente, el punto más alto para la posición posverbal (VS)—tanto en las FN-PM como en las FN-YM—está representado por los verbos de reacción psicológica y el más bajo por los copulativos.

El Cuadro 4 también ilustra que las probabilidades de posposición de una FN-sujeto disminuyen radicalmente cuando se pasa del grupo 3 (verbos de movimiento y de cambio interno) al grupo 4; la disminución es aproximadamente del orden del 50% tanto para las FN-PM como para las FN-YM. Esta observación permite postular una línea que divida todas las FN-sujeto en dos grandes grupos (véase el Cuadro 5): (a) el primero constituido por los grupos de verbos 1-3, cuyo porcentaje promedio de posposición es muy alto: 68% para FN-PM y 43% para FN-YM; (b) el segundo constituido por los grupos 4-5, cuyo porcentaje promedio de posposición es muy bajo: 20% para FN-PM y 13% para FN-YM.

Cuadro 5. FN-sujeto según forma, función, y dos grupos verbales.

Categoría verbal	PM:					YM:				
	SV	VS	Totales	%SV	%VS	SV	VS	Totales	%SV	%VS
Corpus A:										
1	50	107	157	32	68	130	99	229	57	43
2	198	50	248	80	20	331	49	380	87	13
Totales	248	157	405	61	39	461	148	609	77	23
Corpus B:										
1	5	34	39	13	87	29	38	67	43	57
2	75	27	102	74	26	130	15	145	90	10
Totales	80	61	141	57	43	159	53	212	75	25

De acuerdo a lo que se ilustra en el Cuadro 5 cabe admitir que, al estudiar la posición del sujeto nominal, dos hechos parecen resaltar: (1) la escala de menor a mayor probabilidad de posposición es válida tanto para las FN-PM como para las FN-YM, lo que comprueba que el factor lingüístico 'categoría verbal' es significativo en cuanto al problema de la posición del sujeto, si éste es una FN: la significación de este factor es muy alta si el verbo pertenece al Grupo 1 y mínima si el verbo pertenece al Grupo 2; (2)

las diferencias entre FN-PM y FN-YM en cuanto el orden SV o VS, sólo se dan en cláusulas con verbos pertenecientes al Grupo 1, mientras que los verbos del Grupo 2 favorecen la anteposición del sujeto en ambos tipos de FN.

Los resultados mencionados son consistentes tanto con los de Morales (1982:208) como con los de BW. En efecto, en esos estudios la aplicación del análisis multivariado VARBRUL 2S ha demostrado que los verbos del Grupo 1 contribuyen a la posposición del sujeto con una significación que sobrepasa .90.

El haber comprobado que el factor lingüístico 'categoría verbal' es muy significativo, no excluye, naturalmente, el hecho de que otros factores lingüísticos (sintácticos, semánticos y pragmáticos) sean relevantes para el problema de anteposición o posposición del sujeto.

5. Los factores extralingüísticos. Ninguna de las investigaciones mencionadas (Morales 1982 y BW) hace mención de factores extralingüísticos, aun cuando los datos de Morales proceden de un corpus socioeconómicamente estratificado. El hecho de que esa lingüista no diga nada al respecto indica, sin duda, que no ha encontrado diferencias significativas.

Los Cuadros 6 y 7 ilustran el comportamiento de los factores extralingüísticos sexo y nivel socioeconómico en relación a la anteposición o posposición de una FN-sujeto. En el Cuadro 6 se presentan los datos relativos a las FN-PM, separadas en dos grupos (1 y 2) de acuerdo al tipo de verbo con que co-ocurren. En el Cuadro 7 aparecen los datos relativos a las FN-YM, separadas en los dos grupos verbales 1 y 2.

Cuadro 6. FN-PM por grupos verbales, sexo y nivel socioeconómico.

	Sexo:									
	Hombres:					Mujeres:				
Verbos	SV	VS	Tot.	%SV	%VS	SV	VS	Tot.	%SV	%VS
1	21	49	70	30	70	29	58	87	33	67
2	112	28	140	80	20	86	22	108	80	20
Totales	133	77	210	63	37	115	80	195	59	41
	Nivel socioeconómico:									
	Alto:					Bajo:				
Verbos	SV	VS	Tot.	%SV	%VS	SV	VS	Tot.	%SV	%VS
1	28	61	89	31	69	22	46	68	32	68
2	123	19	142	87	13	75	31	106	71	29
Totales	151	80	231	65	35	97	77	174	56	64

Cuadro 7. FN-YM por grupos verbales, sexo y nivel socioeconómico.

	Sexo:									
	Hombres:					Mujeres:				
Verbos	SV	VS	Tot.	%SV	%VS	SV	VS	Tot.	%SV	%VS
1	62	38	100	62	38	68	61	129	53	47
2	180	31	211	85	15	151	18	169	89	11
Totales	242	69	311	78	22	219	79	298	73	27
	Nivel socioeconómico:									
	Alto:					Bajo:				
Verbos	SV	VS	Tot.	%SV	%VS	SV	VS	Tot.	%SV	%VS
1	56	39	95	59	41	74	60	134	55	45
2	183	23	206	89	11	148	26	174	85	15
Totales	239	62	301	79	21	222	86	308	72	28

Para facilitar la discusión, y en vista de las limitaciones de espacio, he reunido en el Cuadro 8 los porcentajes ya presentados en los Cuadros 5, 6 y 7, con el fin de compararlos y comprobar cuál de ellos diverge en forma notable del promedio que procede del Cuadro 5 (y que aparece en el Cuadro 8 en las columnas de la extrema izquierda).

Cuadro 8. Porcentajes presentados en los Cuadros 5, 6, 7.

				Sexo:				Nivel socioeconómico:			
		Cuadro 5		Hombres		Mujeres		Alto		Bajo	
	Verbos	SV	VS	SV	VS	SV	VS	SV	VS	SV	VS
PM	1	32	68	30	70	33	67	31	69	32	68
	2	80	20	80	20	80	20	87	13	71	29
YM	1	57	43	62	38	53	47	59	41	55	45
	2	87	13	85	15	89	11	89	11	85	15

Examinemos en primer lugar las FN-PM con los verbos del grupo 1: los valores porcentuales promedio son del 32 para la anteposición y de 68 para la posposición. Al comparar estos valores con los obtenidos para los dos grupos Hombres y Mujeres, veremos que la variación es muy pequeña, ya que no supera el 3%. Aún menor es la variación entre los dos niveles socioeconómicos: el bajo es idéntico al promedio y el alto apenas diverge en un 1%.

Las FN-PM con los verbos del grupo 2 muestran los valores promedio de 80 para la anteposición y de 20 para la posposición: en este caso también el factor sexo no arroja ninguna diferencia. Sí se nota una—aun cuando no muy grande—en cuanto al nivel socioeconómico: el nivel alto tiende a anteponer el sujeto en un 21% más que el nivel bajo, e inversamente, este último tiende a preferir la posposición en el mismo orden de porciento (21%).

Las FN-YM presentan resultados aun más uniformes; la única diferencia que merece notarse es la que existe en el uso de las FN-YM con los verbos pertenecientes al grupo 1: en efecto, los hombres anteponen el sujeto nominal un 17% más que las mujeres. Este hecho—sumado a la observación a propósito de las FN-PM con verbos del grupo 2—podría hacer pensar que el nivel alto—y dentro de él los hombres—tienden a preferir el sujeto antepuesto con cierta consistencia.

Concluyendo, se puede afirmar que por lo que concierne al corpus utilizado para la presente investigación, los factores extralingüísticos considerados parecen no tener mucha importancia respecto al problema de la posición del sujeto nominal. Antes de darnos por satisfechos con estos resultados y liquidar el problema será necesario someter estos mismo datos a las siguientes verificaciones: (1) ver si otros factores lingüísticos—sobre todos los que BW agrupan bajo el rótulo de 'identificabilidad del referente'—pueden ser responsables de las pequeñas diferencias de uso puestas de relieve en el presente análisis según los factores sexo y nivel socioeconómico (cf. Cuadro 8); (2) someter todos los datos—codificados de acuerdo a las variables mencionadas—a un análisis multivariado (p. ej., VARBRUL 3), que permitirá establecer con mayor precisión la contribución de todos los factores, tanto lingüísticos como extralingüísticos, a la posición del sujeto nominal respecto al verbo.[10]

6. Conclusiones. El análisis que he presentado permite llegar a las siguientes conclusiones:

(1) Se ha comprobado que las FN-sujeto deben ser sometidas a una clasificación funcional del tipo aquí propuesto, pues ésta es crucial para poder determinar grosso modo la posición que dichas FN tendrán respecto al verbo: la posición de posposición de las FN-PM es aproximadamente un 60% más alto que la de las FN-YM.

(2) El factor lingüístico 'grupo verbal' es determinante para la posición de las FN-sujeto de los dos tipos (FN-PM y FN-YM): sólo los verbos que integran el grupo 1 (i.e., los de reacción psicológica, existenciales, y de movimiento/cambio interno) favorecen, en muy alto grado, la posposición del sujeto. Los demás verbos—máxime los copulativos—favorecen la anteposición.

(3) Los factores extralingüísticos sexo y nivel socioeconómico parecen tener escasa relevancia por lo que se refiere a la posición del sujeto.

(4) En todos los parámetros que se han comparado, los resultados de la presente investigación y las de BW sobre el habla culta apuntan hacia las mismas tendencias.

(5) Los resultados de este estudio tienen valor sólo si se consideran como correspondientes a una etapa intermedia y previa a otra en que deberán to-

marse en cuenta los factores lingüísticos no estudiados aquí. Finalmente todos esos resultados deberán ser validados por un análisis multivariado.

Notas

Estoy muy agradecida a María Teresa Rojas por la atenta lectura del manuscrito y a Mercedes Sedano por haber pacientemente discutido conmigo varios puntos de este trabajo. Huelga decir que todos los errores son exclusivamente míos.

1. Estos factores no han sido considerados por BW, ya que la muestra utilizada por esas lingüistas no está socioeconómicamente estratificada.

2. El presente estudio es mucho más reducido que el de BW en cuanto a factores lingüísticos; en efecto, ellas discuten la influencia que sobre la posición del sujeto nominal pueden ejercer dos grupos de factores lingüísticos según (1) la identificabilidad del referente, y (2) la categoría verbal. En este análisis sólo se toma en cuenta el segundo grupo de factores, i.e., el que corresponde a la categoría verbal.

3. Por el contrario, BW han considerado en sus datos los usos impersonales de *haber*, pero no los de *hacer*. Con el fin de comparar los resultados de esos estudios con los del presente, de todos los totales del Corpus B (cf. nota 4) he sustraído las cifras relativas al uso impersonal de *haber*. De aquí la aparente discrepancia entre los resultados de BW y los que aparecen aquí como procedentes de la misma investigación (Corpus B).

4. En el proceso de fichaje de los datos he tenido la valiosa y eficiente colaboración de las Licenciadas Magaly Castañeda y Graciela Luzón.

5. La discrepancia entre estos porcentajes y los de Morales 1982 (para esta lingüista la posición preverbal alcanza el 81%) se debe al hecho de que los porcentajes del presente análisis sólo refieren a frases nominales. Es obvio que la mera inclusión de los pronombres personales sujeto—raramente en posición posverbal—cambiaría radicalmente estos resultados.

6. La clasificación funcional que aquí se emplea procede directamente de BW, quienes afirman que las categorías MENCIONADO POR PRIMERA VEZ y YA MENCIONADO no son categorías naturales, pero proveen al analista de criterios objetivos según los cuales los sujetos gramaticales pueden ser clasificados y cuantificados. Estas categorías cumplen por lo tanto una función heurística respecto al discurso.

7. Esta clasificación de los verbos obedece a criterios eminentemente prácticos y limitados al propósito de la presente investigación.

8. Morales (1982:217n.7) incluye dentro de este grupo a verbos de duda (*ser probable*, *ser difícil*, etc.) y de opinión (*parecer*, *resultar*, *importar*, etc.). Yo no he incluido dentro de este grupo a verbos como *ser probable*, *ser difícil*, pero sí a algunos de los que Morales llama 'de opinión,' como *importar*. Mi criterio para integrar este grupo de verbos—que en realidad son muy pocos—se ha basado más en una afinidad de construcción sintáctica (dativo del que experimenta la reacción psicológica y nominativo del/de

los que la produce, p. ej. *me gusta la música*) que en otras razones, por válidas que ellas sean.

9. Nótese que esta última sección no obedece a ningún criterio lingüístico; se trata pues de un 'cajón de sastre' donde tienen cabida todos los verbos que no pertenecen a ninguno de los tipos mencionados en 1-4. Es probable que una división más refinada de este último grupo pudiera ser esclarecedora respecto al problema de la posición del sujeto relativamente al tipo de verbo que lo acompaña.

10. Estoy actualmente trabajando en este proyecto. Cabe añadir—tan sólo de manera impresionista—que no me extrañaría si con el tiempo se registrara un aumento en el uso del orden VS, debido sobre todo a la influencia de los medios orales de comunicación de masa, como la radio y la televisión. He podido notar (pero no tengo aún datos estadísticos concretos) que los locutores de los noticieros, en Caracas, tienen una preferencia casi absoluta por el orden VS al menos en los titulares. Este uso parece no estar condicionado por el factor lingüístico 'categoría verbal,' ya que se da con cualquier tipo de verbo, aun con los copulativos.

Elisió de nasal o nasalizació de vocal eŋ caraqueño

Francesco D'Introno
University of Massachusetts

Juan Manuel Sosa
Universidad Central de Venezuela
University of Massachusetts

1. Introduction. En varios trabajos sobre la pronunciación del español del Caribe, por ejemplo Navarro Tomás (1956), Robe (1960), Matluck (1961), Isbâşescu (1968), Mosonyi et al. (1971), Cedergren (1973), Guitart (1976), Terrell (1975c), Poplack (1979b), Chela Flores (1980), Nuñez Cedeño (1982b), Obediente (1982), entre otros, se describen los tres procesos principales que afectan las consonantes nasales en posición posnuclear: la velarización, la asimilación, y la elisión.

En este estudio se analizan las distintas realizaciones de la nasal final de palabra en el español de Caracas, y se demuestra que en este dialecto se da básicamente el primero de estos procesos, es decir, la velarización. La asimilación de la nasal a la consonante siguiente es un proceso esporádico, mientras que la elisión, con o sin nasalización de la vocal precedente, es un fenómeno prácticamente inexistente.

Estos resultados confirman lo señalado por Mosonyi et al. (1971), Chela Flores (1980) y Obediente (1982) sobre el español de Venezuela, y contrastan con los resultados de Terrell (1975c) sobre el cubano, y de Cedergren (1973) sobre el panameño, entre otros, puesto que en los análisis de estos autores la elisión de la nasal final es más frecuente que la velarización.

Nuestro análisis también muestra que ningún factor particular—lingüístico, social o pragmático—incide de manera determinante en los tres procesos fonológicos señalados.

2. Las variantes. Para efecto de este trabajo distinguimos las siguientes categorías fonéticas:

(1) [ŋ] nasal velar
(2) [ŋ̞] nasal velar relajada
(3) [N] nasal 'neutralizada'
(4) [n] nasal alveolar
(5) [m] nasal bilabial
(6) [Ṽ] elisión con nasalización de vocal
(7) [V] elisión sin rastro de nasalización

La primera variante es la velar nasal [+retraída] o [+posterior], articulada con el posdorso de la lengua en contacto con el paladar blando.

La segunda variante es una velar relajada [−tensa]. En la producción de la relajada el gesto articulatorio de la lengua es menor y es posible que en oportunidades no haya un verdadero cierre entre los articuladores sino una aproximación. La relajada puede producirse con un mínimo movimiento articulatorio, como cuando se produce una nasal a partir de una posición de reposo de los órganos articulatorios con la boca cerrada. La relajada equivale a un sonido continuo velar sonoro nasalizado, que también podría ser trascrito [γ̞̃].

La tercera variante es un sonido consonántico nasal que se da cuando la lengua pasa de la articulación de la vocal precedente como transición al de una consonante siguiente. En este caso como en todos los otros, exceptuando la variante 7, la vocal precedente está parcialmente nasalizada. La condición nasal del segmento es perceptible, no así su punto de articulación, que no se asimila. Siguiendo a Obediente (1982:97), se puede decir que esta variante no tiene punto de articulación.[1]

Las variantes 4 y 5 son las consonantes nasales alveolar y bilabial respectivamente. Como veremos más tarde, estas dos variantes ocurren casi siempre por asimilación. Sin embargo, la alveolar se da a veces esporádicamente, por ejemplo, ante pausa o ante vocal,[2] y la bilabial es a veces el resultado de un cierre labial al final de grupo fónico, como marca de duda o suspenso.[3]

La variante 6 corresponde a la elisión de la nasal con nasalización de la vocal precedente, y la 7 a elisión sin nasalización de la vocal. Dado el escaso número de las dos variantes en la muestra analizada, ambas aparecerán juntas en los cuadros.

3. El corpus. Los datos analizados se obtuvieron del estudio de las realizaciones de nasal a final de palabra en el habla espontánea de 18 informantes caraqueños adultos, residentes en la zona este de Caracas. Estos datos fueron grabados y clasificados de acuerdo con los procedimientos descritos en Bentivoglio, D'Introno y Sosa (1977). Los informantes pertenecen a tres niveles socioeconómicos (3 hombres y 3 mujeres por cada nivel).

4. Las variantes de acuerdo al contexto. Cada realización de la nasal final fue analizada de acuerdo al entorno, tomando en cuenta la categoría sintáctica de la palabra en la que aparece la nasal, el número de sílabas de la palabra, la posición del acento en la palabra, el tipo de contexto siguiente, es decir vocal acentuada, vocal sin acento, ante pausa, ante consonante. De estos factores sólo los del contexto siguiente resultaron relevantes para la realización de la nasal, por lo cual en lo que sigue nos referiremos únicamente a éstos.

Como se aprecia en el Cuadro 1, del total de 1726 casos recogidos en los tres contextos descritos, 1321, es decir, un 76.5% corresponden a las nasales velares [ŋ]. Si a éstas sumamos las relajadas [ŋ̥] tenemos un total de 1482 velares, es decir un 85.9%. Las otras variantes juntas dan un total de 244, un 14.1%.

Cuadro 1. Totales y variantes.

Contexto	ŋ	ŋ̥	N	n	m	V/Ṽ	Total	%
___ V	412	7	. . .	17	. . .	7	443	25.7
___ ##	474	7	. . .	23	1	17	522	30.2
___ C	435	147	112	44	15	8	761	44.1
Total	1321	161	112	84	16	32	1726	100
%	76.5	9.3	6.5	4.9	0.9	1.9	100	
	[+velar]		[−velar]					
N°	1482		244					
%	85.9		14.1					

En los Cuadros 2, 3, y 4 aparecen las realizaciones de la nasal final en los contextos ante vocal, ante pausa, y ante consonante con sus respectivos porcentajes. Se aprecia que las velares en los dos primeros contextos son ampliamente mayoritarias, el 93% y el 90.8% respectivamente, y si se les añaden las relajadas llegan al 94.6% ante vocal y al 92.1% ante pausa.

Cuadro 2. Variantes ___ V.

	ŋ	ŋ̥	n	V/Ṽ	Total
N°	412	7	17	7	443
%	93.0	1.6	3.8	1.6	100

Cuadro 3. Variantes ___ ##.

	ŋ	ŋ̥	n	m	V/Ṽ	Total
N°	474	7	23	1	17	522
%	90.8	1.3	4.4	0.2	3.3	100

Cuadro 4. Variantes ___ C.

	ŋ	ŋ̞	N	n	m	V/Ṽ	Total
N°	435	147	112	44	15	8	761
%	57.2	19.3	14.7	5.8	2.0	1.0	100

Se puede notar que en contexto ante consonante la velar es menos frecuente que en los otros contextos. Esto se debe a que, como ya se ha dicho, por un lado aparece la variante neutralizada N y por otro se producen asimilaciones, que incrementan el número de realizaciones alveolares y bilabiales.

En la muestra no aparecieron realizaciones de nasales asimiladas a consonantes labiodentales, interdentales, palatoalveorales, palatales, etc., tan mencionadas en los distintos textos que se ocupan de estos fenómenos fonéticos en el español general (p.ej., Navarro Tomás 1968, Stockwell y Bowen 1965, Quilis y Fernández 1972). Esas posibles asimilaciones tampoco fueron encontradas por otros investigadores en los dialectos hablados en Venezuela, como Mosonyi (1971), Chela Flores (1980), Saavedra (1982), Obediente (1982).

Pero sí se dio una coarticulación, [ŋ͡m]; esto es una velar con bilabialización. Esta variante, que fue incluida en el análisis de los datos junto con la velar, no es muy frecuente y ocurre cuando la consonante siguiente es bilabial, por efecto de la anticipación articulatoria.

5. Las variantes en el contexto preconsonántico. Como se habrá deducido de los cuadros anteriores, el contexto preconsonántico es el único que parece influir sobre la variabilidad fonética de /n/#. En efecto, ante vocal y pausa la norma es [ŋ], pero ante consonante, hay más relajadas, aparece la neutralizada y hay casos de asimilación. Esto se puede apreciar en los Cuadros 5, 6 y 7. En el Cuadro 5 aparecen las variantes ante palatal, velar y glotal, que identificamos con las rasgos [−anterior, −coronal].

Cuadro 5. Nasal ante consonante [−anterior, −coronal].

	ŋ	ŋ̞	N	n	m	V/Ṽ	Total
N°	164	2	3	...	...	2	171
%	95.9	1.2	1.7	...	...	1.2	100
	97.1%		2.9%				

Como se observa en este cuadro, la velar es categórica, y no hay realizaciones alveolares ni bilabiales. La neutralizada y la elisión son muy esporádicas.

En el Cuadro 6, aparecen las variantes ante consonante labial. Aquí encontramos un 19.8% de neutralizada y un 6.3% de bilabiales (por asimilación). Las tres realizaciones alveolares son bastante anómalas.

Cuadro 6. Nasal ante consonante [+anterior, −coronal].

	ŋ	ŋ̥	N	n	m	V/Ṽ	Total
N°	122	50	47	3	15	...	237
%	51.5	21.1	19.8	1.3	6.3	...	100
	72.6%						

En el Cuadro 7, que incluye las variantes ante dental y alveolar, se muestra un patrón similar al anterior, con variantes neutralizadas, alveolares por asimilación y unas pocas elisiones.

Cuadro 7. Nasal ante consonante [+anterior, +coronal].

	ŋ	ŋ̥	N	n	m	V/Ṽ	Total
N°	149	95	62	41	...	6	353
%	42.2	26.9	17.6	11.6	...	1.7	100
	69.1%						

En el Cuadro 8 se resumen los datos de los Cuadros 6 y 7, mostrando los totales y porcentajes de la velarización, neutralización, asimilación y elisión ante consonante anterior, esto es, no velar.

Cuadro 8. Nasal ante consonante [+anterior].

Velarización:	416 de 587, 70.9%
Neutralización:	109 de 587, 18.6%
Asimilación:	56 de 587, 9.5%
Elisión:	6 de 587, 1%

Como bien lo muestra el Cuadro 8, la conclusión es que en el español de Caracas la nasal ante consonante anterior se asimila menos del 10% de las veces y se elide sólo un 1% de las veces.

6. El dialecto caraqueño y la velarización. Las cifras presentadas en los Cuadros de la sección anterior señalan que el español de Caracas es un dialecto 'velarizante,' según la terminología de Harris (1983b), dado el predominio de la realización velar de la nasal final, incluso cuando va seguida de consonante.

Este hecho ya había sido descrito por Mosonyi (1971:57ss.), quien destacó que ante los fonemas /t͡ʃ/ y /j/ la articulación de la nasal es velar, lo cual, según él, contrasta con la pronunciación del español general que, en estos casos, sería la nasal palatal [ɲ]. También encuentra Mosonyi una articulación velar ante [l], lo mismo que ante las nasales [m], [n] y [ɲ].

Nuestros datos confirman estas observaciones, si bien se produjeron algunos casos de asimilación y de neutralización.

Con respecto a los distintos estudios que se han hecho en la zona del Caribe Hispánico sobre la nasal final, dice Terrell (1975c:269), que 'todos los investigadores están de acuerdo en que, en posición prepausal la variante velar es la norma; sin embargo, en posición preconsonántica existen discrepancias.'

Esta afirmación es cierta, pues existen grandes diferencias en los datos recogidos por distintos investigadores en diversas áreas del Caribe. Por ejemplo, para el español de Cuba, el mismo Terrell (1975c) afirma que menos del 1% de las nasales finales ante consonante no velar se velarizan,[4] mientras que Saavedra (1982) describe que para el español hablado en Valera (Venezuela), más del 99% de las nasales en ese contexto, incluso en el interior de la palabra, se velarizan.

Con respecto a la elisión de la nasal, también hay muchas diferencias entre los estudiosos. Terrell, en el mismo artículo sobre el español de Cuba, afirma que ésta llega hasta el 39%. Según Cedergren (1973), para el español panameño la elisión llega hasta el 68%, y para el puertorriqueño, según Poplack (1979b) al 31% cuando se trata de la (n#) verbal, de las cuales 22% se produjeron con nasalización de la vocal precedente y 9% sin rastro de ella. En el presente estudio sobre el caraqueño, solamente encontramos un 1.9% de elisiones, con o sin nasalización de la vocal precedente. Por lo tanto debemos concluir que, o bien el caraqueño es un dialecto de comportamiento muy distinto a los otros mencionados, o bien la diferencia en los datos puede hallarse en el tipo de categorías fonéticas tomadas en cuenta por los distintos investigadores.[5]

Posiblemente las que aquí son consideradas relajadas y neutralizadas—que corresponden a presencia de consonante—sean interpretadas por otros investigadores como elisiones. Esta diferencia analítica es posible y dependería de los parámetros que se fijan al realizar el análisis de los datos. Para nosotros el parámetro más importante, en el sentido de que refleja la competencia lingüística del hablante, es el de presencia/ausencia de segmento, sea éste tenso, relajado o muy relajado. Por supuesto, los dos últimos son muy difíciles de reconocer cuando se trata de una nasal posnuclear y ameritan una revisión continua.

Un aspecto que merece la pena mencionar es que en los 32 casos de elisión de la muestra, 8 correspondieron a elisión sin nasalización. Dado el contexto particular en que se dieron (casi todos en verbos), podrían ser considerados errores o fallas de concordancia, como por ejemplo en la oración siguiente.

> Me fascina todas las cosas vivas. . . (516, mujer nivel alto).

En casos como éstos la /n/ final es redundante como lo dice Poplack (1979b:129), lo cual puede explicar su no presencia en algunos verbos. Uber (1980) así lo señala, cuando afirma que la nasal final no siempre es percibida por hablantes nativos fuera de su contexto. Para ella la percepción de palabras y frases en las que se encuentran esas /n/ finales dependen del contexto morfológico, sintáctico, semántico y pragmático, no solamente de la realización fonética, lo cual daría cuenta de estos casos de elisión.

Otros ejemplos de supuesta ausencia de la nasal pueden ser explicados por un proceso léxico-sintáctico de trasferencia del rasgo [+contable] a [−contable] del sustantivo en sintagmas nominales como el que aparece en la oración siguiente.

Ahí vive mucho estudiante. . . (506, mujer nivel bajo)

En esta oración, que es gramatical, no ha habido elisión de la [n] en *vive* ni de la [s] en *mucho* y *estudiante*, sino reinterpretación de *muchos estudiantes* como colectivo [−contable]. Este hecho, común en el español de Caracas, puede ser una de las causas del alto porcentaje de elisiones en otros estudios.

Para concluir quisiéramos agregar dos observaciones. La primera es que lo que hemos dicho sobre las realizaciones de la nasal es válido para todos los niveles sociales, tanto para los hombres como para las mujeres. Por ello y por razones de espacio, no incluimos aquí los datos referentes al análisis de los factores extralingüísticos. La segunda observación es que la variabilidad de la /n/ no puede atribuirse en nuestra opinión a factores estilísticos. Vale la pena señalar que en relación a los estilos hay discrepancias entre los estudiosos.

Nuñez Cedeño (1982b) afirma que en el 'estilo lento' se produce más la velarización, mientras que en el 'estilo rápido' se produce la asimilación. Chela Flores (1980) afirma lo contrario, y Obediente (1982:96) apoya las conclusiones de Chela Flores. A pesar de que nosotros no hemos hecho un estudio cuidadoso de los estilos, nos inclinamos por las afirmaciones de estos últimos autores, quienes trabajan con variedades del español venezolano. Por ejemplo, pudimos constatar que los casos más claros de asimilación se produjeron cuando el hablante buscaba destacar o hacer enfáticas algunas palabras, en un estilo 'lento,' como al pronuncia *¡Ta[m] bella!* (informante 523).

8. La interpretación fonológica. Algunos investigadores, p.ej., Terrell (1975c) y Chela Flores (1980), afirman que la velarización de la nasal final responde a un proceso de debilitamiento posnuclear cuya etapa final es pérdida total del segmento, como se nota en el eje siguiente, que representa una escala de debilitamiento de la nasal.

m ŋ ŋ̥ N Ṽ V
n

\+ ——————————→ − (eje de debilitamiento)

Esta escala explicaría la velarización de la alveolar, y la consecuente pérdida de nasal con nasalización de vocal, presentes, por un lado, en la historia de algunas lenguas (p.ej. el francés, Chela Flores 1980:41) y, por otro lado, en la sincronía de otras, p.ej. en el español caribeño. Sin embargo, nuestros datos no apoyan esta interpretación de los procesos fonológicos. Aunque la velar deba considerarse una variante de un segmento subyacente del tipo /n/—o inclusive /m/ y /ɲ/[6]—no hay prueba de que la velar sea una etapa intermedia hacia la pérdida de nasal, porque la nasal simplemente no se pierde.

Otra manera de mirar a los datos de nuestro análisis es estableciendo una escala de debilitamiento de punto de articulación, como se refleja en el eje siguiente, donde las velares deben interpretarse como realizaciones con punto de articulación propio y autónomo, la neutralizada como una realización sin punto de articulación, y las asimiladas [n] y [m] como realizaciones con un punto de articulación propio de la consonante siguiente.

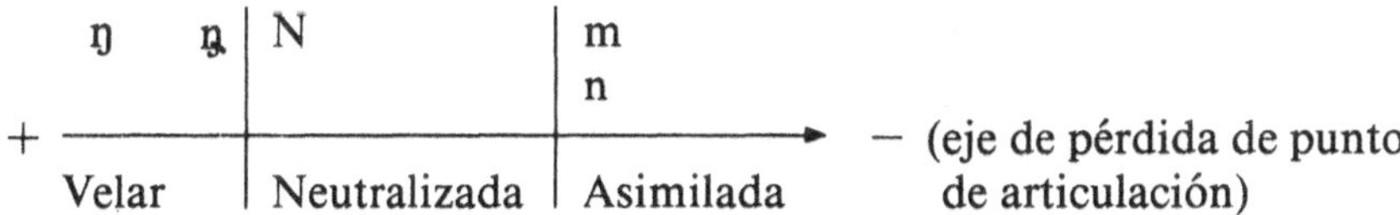

Esta interpretación de las variantes de la nasal es en nuestra opinión compatible con el análisis de Harris, quien sostiene que la velarización es un proceso poscíclico—representado aquí en términos autosegmentales en (2)—que se obtiene pasando previamente por un proceso de eliminación de los rasgos de articulatión de la nasal en posición de rima (1) (Véanse Harris 1983a:46 y Harris 1983b).

Para explicar la asimilación Harris propone la regla (3).

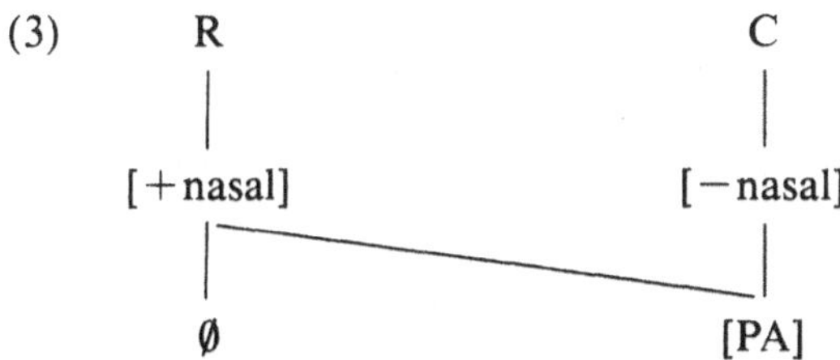

Como hemos dicho, nuestra interpretación de los datos parece confirmar la hipótesis de Harris, pero también nos parece que con unas pequeñas modificaciones de esta hipótesis lograríamos una mejor explicación de los hechos. Nótese en primer lugar que si interpretamos la regla (1) no como un proceso necesario para llegar a la velarización o a la asimilación, sino como un verdadero proceso fonológico, entonces podemos considerar la neutralizada [N] como el resultado de esta regla. Ahora bien, como [N] se da únicamente ante consonante, podríamos agregar que (3) es una regla 'facultativa' y que (2) es el 'default' or 'elsewhere' de dicha regla. En otro términos, despúes de la eliminación de los rasgos de articulación, la nasal ante consonante podría quedar como [N] o podría asimilarse, en todo otro caso se convertiría en velar. Esta hipótesis, que sugiere una pequeña reformulación de las reglas, es la que en nuestra opinión mejor refleja los hechos observados.

Otro cambio que haríamos a la hipótesis de Harris es el de subdividir los rasgos de articulación en varios grupos o clases, de manera que hubiera [±sonoro], [±nasal], [±oclusivo] y finalmente los de los puntos de articulación, subdivididos por lo menos en dos clases 'labial' y 'lingual.' Esta clasificación permitiría explicar que hay procesos que afectan uno o más de estas clases de rasgos sin afectar las otras. Veamos por ejemplo el caso de la coarticulación [ŋ͡m]. Esta variante es posible porque los órganos que intervienen en su realización son independientes y los rasgos que la definen son 'lingual' y 'labial.' El problema ahora es cómo explicar la coarticulación dentro del esquema de reglas propuesto, porque, de acuerdo con éste, debería darse después de la velarización. Una explicación posible es asumir que aquí opera una regla de asimilación de las que asignan a las nasales los 'points of stricture' en la terminología de Harris (1983a). Otra solución, algo similar, sería la siguiente: si se interpreta la labialización de [ŋ] como una anticipación del rasgo 'lingual' de la consonante siguiente, se podría proponer la regla (4), que expresaría que en los casos en que los rasgos de articulación pertenecen a las dos clases señaladas, puede haber anticipación.

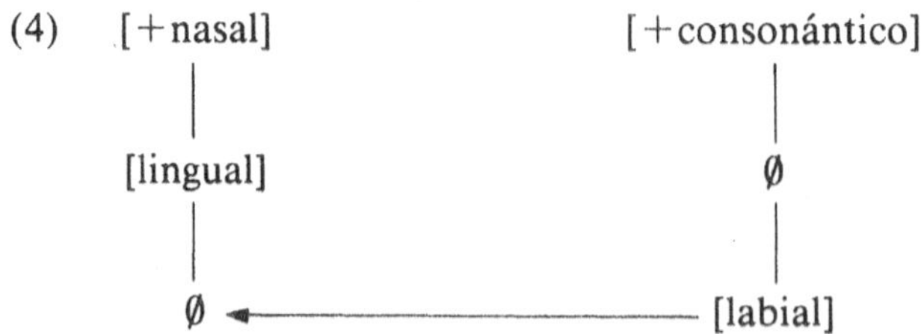

Suponiendo además que en el dialecto en cuestión sólo puede darse el proceso (4) pero no el contrario, la articulación [mn] o [mŋ] quedaría excluida, lo que nos parece cierto porque en *alumno*, /m/ puede velarizarse o asimilarse, pero no puede convertirse en coarticulada. A propósito de *alumno* es importante anotar que puede pronunciarse con [m], lo que revela que la regla (l) es facultativa, pues en posición posnuclear pueden darse algunos casos de [m] y de [n]. Mejor dicho todos los procesos aquí presentados son variables, como todo proceso fonológico.

Por último quisiéramos anotar que nuestros datos no muestran que haya un proceso de resilabeo en el contexto /n/#V, pues la nasal aquí es [ŋ] y no [n]. Si hay resilabeo, este es esporádico o, de ser general, se da al final de todo otro proceso fonológico, incluyendo la realización de la nasal, de líquida, de /s/, etc., lo cual equivaldría a suponer la existencia de una regla fonológica para la que no habría manifestación fonética.

Notas

Queremos expresar nuestro agradecimiento a James Harris y Jorge Guitart por las sugerencias que nos brindaron para nuestro análisis fonológico de las nasales en español. Los errores son por supuesto nuestros.

1. Obediente la describe así: 'Una realización observada del archifonema /N/ para el español venezolano fue una consonante nasal indiferenciada relajada, una especie de apéndice nasal, sin que influya para nada el sonido que sigue.'

También se ha detectado este tipo de articulación en otras lenguas, como el daco-rumano, en las que una consonante nasal indeterminada, trascrita /N/, tiene status fonológico.

2. En este último caso se da a veces un proceso de resilabización, o resilabeo, como lo llama Guitart (1980b). Se dice, por ejemplo, /sa-nan-tó-nio/, /sa-na-gus-tín/, y no /san-an-tó-nio/, /san-a-gus-tín/.

3. Sin embargo no se trata de las [m] 'dubitativas' como en [emm], [estémm], que no se tomaron en cuenta.

4. En el artículo de Terrell hay una cita de Isbâşescu (1968), trabajo que él mismo califica de muy cuidadoso: 'La variante velar [ŋ] se puede oír en final de palabra seguida de una palabra con inicial consonántica, incluso si esta última es consonante no velar.' Esto coincide con nuestros resultados y contradice los de Terrell, sobre todo porque Isbâşescu encontró elisiones solamente en posición prevocálica. Terrell justifica las divergencias afirmando que las observaciones de Isbâşescu no fueron válidas para el grupo de informantes de su trabajo.

Otro estudio, de Trista y Valdés (1978:27) sobre el habla de La Habana, señala lo siguiente: 'Existe una tendencia general a velarizar la *n* en posición implosiva, aun cuando la consonante que le siga no sea velar.'

5. Terrell (1978) afirma algo que nos parece acertado, y es que en lo relativo a la pronunciación, el habla de Caracas 'cae dentro del grupo de dialectos del Caribe, por lo que se esperaría que la operación de la gran mayoría de los procesos fonológicos sean fundamentalmente igual que los mismos procesos en Cuba, Puerto Rico, República Dominicana, Panamá,

etc.' Esto acentúa aún más la divergencia entre los datos presentados por los distintos estudiosos.

6. Para una discusión sobre la abstracción de las representaciones fonológicas y sobre la forma subyacente de las nasales en español, ver el artículo de Cressey (1980:113 y siguientes). Cf. también Harris (1983a) y (1983b).

Is there a Spanish imperative intonation?

Karen H. Kvavik
Center for Research in Human Learning,
University of Minnesota
University of Wisconsin, Madison

From both general and Spanish grammatical traditions, we learn that declarative and imperative sentences have different intonations. It is thought that imperative intonation is often the most salient or only indicator of imperativity. Yet some scholars doubt that intonational differences are necessarily made between the two types of sentences. If there are differences between these two intonation types, how may they be characterized? To address these issues, initial results from a linguistic-pragmatic and acoustic analysis of intended declarative and imperative intonations are presented. In addition, the data yield normative information on Cuban Spanish.

1. Background. Navarro 1966 classifies imperatives under volitional intonations (*entonación volitiva*). According to him, intonation or *tono* is sufficient to distinguish imperatives from declaratives. There are gradations in volitive intonations: invitation, petition, request, supplication, order, etc. (p. 184). 'Regular' commands (*mandatos regulares*) are short and snappy, and include military commands: *¡Alto!* Besides a widened tonal range, Navarro says that there is reinforced intensity (*acento expiratorio*) on the accented syllable. Duration of accented syllables is reduced or maintained the same as in declarative intonations—hence an impression of shortness or brevity. Navarro says that these are universal features of imperatives.

Navarro's category of 'attenuated commands' (*mandatos refrenados*) includes those which are very slow and deliberate. A subtype of these are simple declarative commands, those commonly used in everyday life. For these, 'la altura y acento de las sílabas tónicas y la amplitud de las inflexiones superan escasamente las proporciones de la enunciación ordinaria. Es la forma regular del imperativo atenuado en el trato corriente' (p. 190). Supposedly, *fuerza expiratoria* does not increase considerably in these commands; pitch range is slightly wider than for declaratives.

Essentially, Navarro's is the only detailed information we have on the imperative types. Other grammarians have limited themselves to saying that imperatives belong to an exclamatory sentence class (Lenz 1944; Alonso and Henríquez Ureña 1967). Lenz cites Navarro as to the widened tonal range; Alcina Franch and Blecua 1975 cite Navarro, and give a level-juncture interpretation to Navarro. Gili Gaya (1961:54) maintains that intonation is important for determining what type of command one hears, because imperative is only marked in the second person plural familiar form. The Real Academia Española 1974 also says there is an imperative intonation; pitch and intensity are used to distinguish the imperative.

Haverkate, in his study of Spanish impositive sentences, accepts Navarro's formal distinctions of various types of volitive intonations (1979:152). Curiously, Haverkate expresses doubts, citing Bierwisch (1965:179, n.26) that imperative vs. declarative intonation differences are unclear. Haverkate (1979:180,n.26) cites Studerus 1974 that imperativity may be determined only from context. In summary, scholars generally presume 'imperativity' is signalled by imperative intonations. This is all well and good if (1) intonation depends on a semantic or syntactic category and (2) certain types of intonations are used exclusively for imperative types.[1]

In contrast, Bolinger (1982:18) believes that intonation is a separate system, akin to gestural and metaphorical systems. Intonations depend on speaker-hearer inferences; there is no requisite intonation for any particular syntactic frame. Using this type of reasoning, then, a particular intonation would not be necessary to distinguish *canta* 'he/she sings' vs. 'sing' (e.g., declarative vs. imperative). Bolinger's point is that intonations can and do communicate things other than syntactic categories.

If systematic differences can be found between imperative and declarative sentences, we might conclude the existence of some sort of imperative intonation. Spanish makes a good case study because of the syntactic identity of second person singular familiar imperatives and third person singular declaratives: *habla en voz alta* 'he, she speaks/speak loudly.'

A conversation-situational protocol was developed in order to elicit comparable declarative, imperative, and indirect speech sentences. The intent was to approximate natural speech, avoiding the reading or mimicry techniques usually employed in experiments. The conversation-situations are everyday situations; they are similar to foreign-language directed dialogues—but used with the native language. The protocol is divided into 3 sections: (1) a general explanation and illustrations of situations and responses; (2) a practice session with prerecorded experimenter voice; and (3) the experimental session, where the subject is presented with a prerecorded tape. For example, after hearing a contextual setting, the subject is asked to respond with the exact words in the cue to, e.g., a (imaginary) peer, child, or the voice on the tape. The cue request is directed with a nondeclarative, usually a rising intonation, so as to avoid the intonation desired in the response. The situations were presented in random order, with the declarative/imperative paired sequentially at times. Examples of declarative vs. imperative situations and desired responses from the protocol are:

(1) Protocol examples:

1. Hace un buen día de verano en Wisconsin. De verdad está haciendo calor. Por favor, ¿quieres mandar a tu compañero . . . abrir la ventana?

Abre la ventana.

2. Hace un buen día de verano en Madison. En efecto, hay más calor cada minuto. Para que entre aire fresco, una persona hace algo con la ventana. ¿Qué hace?

Abre la ventana.

2. Subjects. The subjects are four Cuban-American females, ages 25-28. All left Cuba between 1959 and 1965. They are well educated, with a high degree of Spanish language maintenance, and fluent bilinguals. They are from La Habana, except for Subject 2, who is from Oriente.

3. Procedure. The subjects were seated in a soundproof room with Altec wall speakers positioned directly behind them. A microphone (Superscope EC-9P) was placed on the table in front of them. For the explanation and practice sessions, the experimenter faced the subject, but sat beside the subject during the experiment recording, so as to avoid eye contact. Subjects were asked to repeat disfluent or erroneous responses. The total session lasted approximately 40 minutes. The subjects' responses were recorded on an Ampex 351 recorder, on which the experimental tape had also been recorded. The recording level was maintained at a predetermined setting throughout; the laboratory technician operated the tape recorder.

The tapes were digitized at 10 kHz., at a constant volume level. Fundamental frequency (F_0) was analyzed by means of the VOCAL program at the University of Wisconsin, Waisman Center (which uses the Henke pitch tracking program).

3.1 Results. A total of 28 dec./imp. pairs or 56 utterances were analyzed for the four subjects. These declarative and imperative pairs are given in (2).

(2a) Abre la ventana. 'He opens//Open the window.'
(2b) Escribe la carta. 'She writes//Write the letter.'

(2c) Limpia el cuarto. 'He cleans//Clean the room.'
(2d) Llama por teléfono. 'She telephones//Telephone.'
(2e) Pasa por la casa del lobo. 'She goes//Go by the wolf's house.'
(2f) Regresa a las ocho. 'She returns//Return at 8:00.'
(2g) Termina el trabajo mañana. 'He finishes//Finish the work tomorrow.

The imperative examples in this study are somewhere between Navarro's reinforced (military-like) commands and perfunctory simple declaratives (e.g., *Anda con Dios*). They fit Navarro's narrative description of simple everyday commands (a subtype of his 'refrained' commands).

First, data on prominence and intonation patterns are discussed, followed by the acoustic data, which include measurements of sentence length, peak F_o, and overall high to low sentence fall in semitones.

4. Linguistic prominence and intonation patterns. Every protocol answer begins with a declarative or imperative verb (see (2)). One might expect that the answers would show consistent sentence stress placement in each sentence across subjects, since the subjects all heard the same prerecorded tape with supposedly the same contextual presuppositions for each reply. That is, for a particular protocol declarative/imperative pair, we might expect the accent prominences to fall on the same words in both sentences. Or we might expect an 'opposite' pattern, where the declarative or imperative have opposite sentence stress patterns, e.g., on the first vs. last words. In the examples, '1' is the primary and '2' a secondary accentual prominence.

(3) 'Same': 1-2/1-2 or 2-1/2-1 (both main stresses on the first word or both on the last word);

'Opposite': 1-2/2-1 or 2-1/1-2 (primary stress on the first word of one pair member, and on the last word in the other pair member).

In other words, in the 'opposite' pattern the verb in one sentence of the pair vs. the final word in the other sentence would receive the sentence stress. Examples for Subject 1 (Figure 1) show an 'opposite' pattern: the imperative has sentence accent on *abre* and the declarative on *ventana*.

Results show that main stress tends to fall on the initial verb, e.g., a 'same' pattern for 21 of 28 pairs (79%). However, the patterns are not uniform across or within subjects. Subjects 3 and 4 answered uniformly for the initial position. Subject 1 answered 4 of 7 pairs, and Subject 2 answered 2 of 7 pairs with the 'opposite' patterns. For these patterns, Subject 1 always has main stress on final position for the declarative sentence, with initial position for the imperative sentence. Subject 2 is not consistent and shows both 'opposite' patterns. The results imply that speakers may use different prominence patterns to signal declarative vs. imperative types, e.g., different communicative strategies.

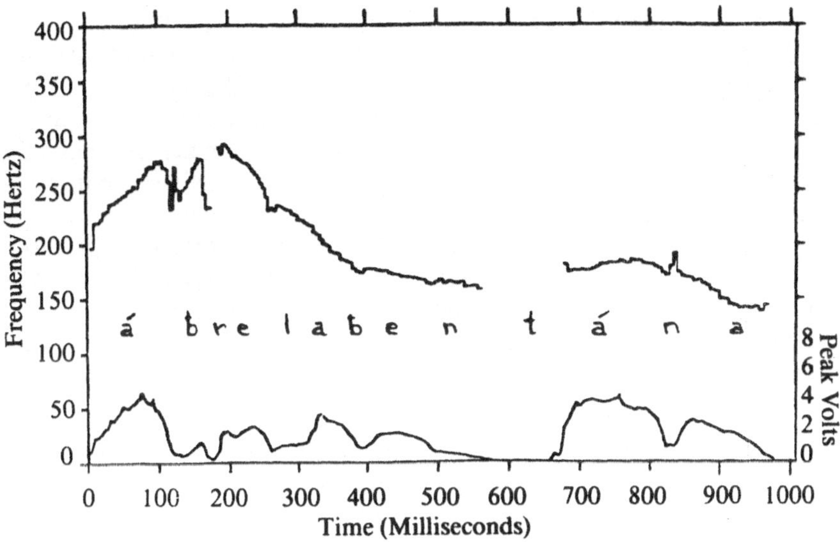

Figure 1. Imperative (top) and declarative (bottom) examples for Subject 1, *Abre la ventana.*

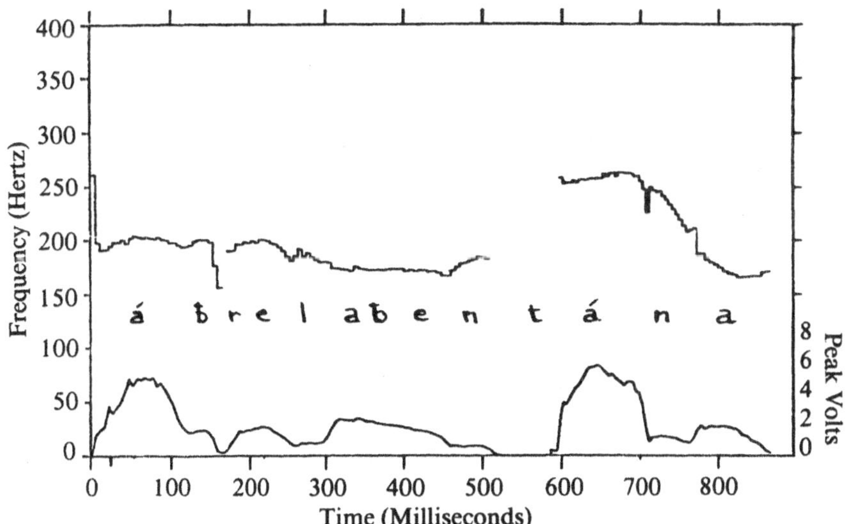

In addition, the results suggest that notions of 'expected' focus or presupposition and accent do not always follow the way we expect them to. The 'expected' main accent for imperatives was on the initial verb. This occurred for 92.6% (26 of 28 examples). The declaratives also show a strong tendency for the initial position (78.6%), despite the fact that only 42.9% of declarative sentences were expected to have main stress in verb-initial position, according to the cue questions. For the declarative results, 'expected' main accent occurred in only 42.9% of the sentences (75% occurred for 'expected' initial position but only 19% for 'expected' final position). I return to these different subject response strategies later.

Spanish declarative and imperative intonation shapes are commonly thought to have a rise to the first accented syllable, a somewhat level tone, and then a fall on the final accented syllable.

4.1 Basic intonation schema. The data sentences show an overall rise and a final fall at the end of the sentence. There is one exception for Subject 3, *Regresa a las ocho* (imp.), which shows a slight rising intonation on the final [o] of *ocho*; it is clearly perceived as such.

The sentence-initial tunes in this study do not usually have the initial tune described in the literature, that is, an initial rise, with the peak accent on the first stressed syllable, and then a leveling off or descent. In the data, the favored intonation pattern has the highest sentence frequency on the post-stressed syllable of the initial imperative or declarative verb, not on the lexically stressed syllable of the verb. Of 56 sentences, 48 (85.7%) show these rising intonations on the initial conjugated verb. An example from Subject 2, *Escribe la carta* (Figure 2), illustrates the initial rising pattern for both pair members.

The imperative example of Subject 2 initially rises higher than the corresponding declarative. Another illustration (Figure 3) shows the declarative and imperative intonations with the initial high rise. Note, however, how visually similar the imperative and declarative intonations are. They are also perceived as being very similar. One might hypothesize that this initial rise is typical of Cuban Spanish, but that would be premature. Examples of such rising tunes in conversational 'declarative' patterns are found in Fant 1980:15 for Madrilian. At this point one may only conjecture whether this pattern is more typical of (1) a conversational discourse style or (2) Cuban Spanish. The evidence from Fant shows that a dialect-specific argument is not convincing.

Let us return to the notion that speakers utilize varied sentence stress strategies for their two types. Recall that the preferred strategy is main stress on the initial verb in both members of the pair, with both sentences having an initial high-rising intonation ('same' pattern, similar initial tunes—Figures 2 and 3). There are 3 other possible combinations: 'opposite' pattern, dissimilar initial tunes (Figure 1); 'opposite' pattern, similar initial tunes; 'same' pattern, dissimilar initial tunes. All the patterns occur in the data.

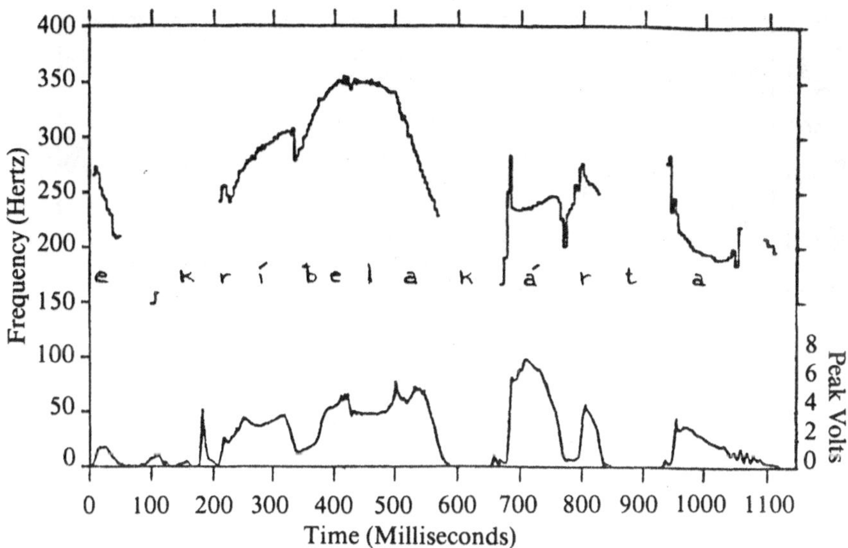

Figure 2. Imperative (top) and declarative (bottom) examples for Subject 2, *Escribe la carta.*

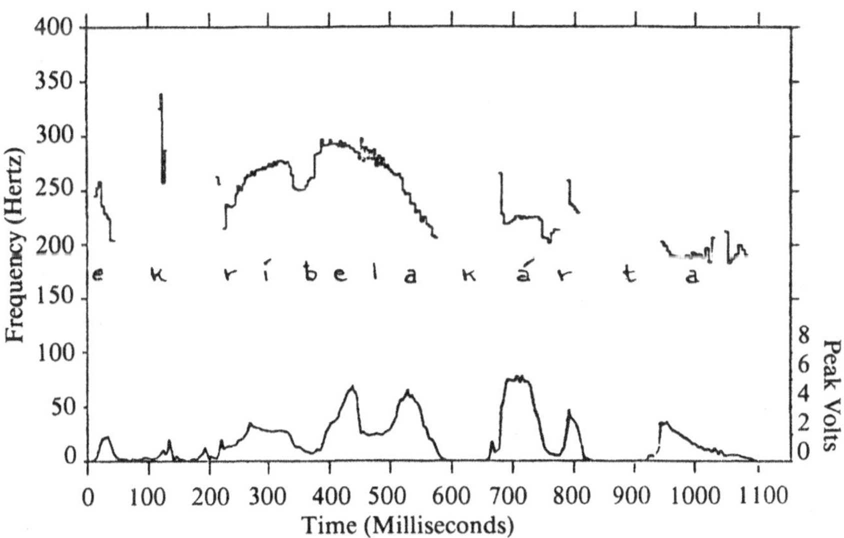

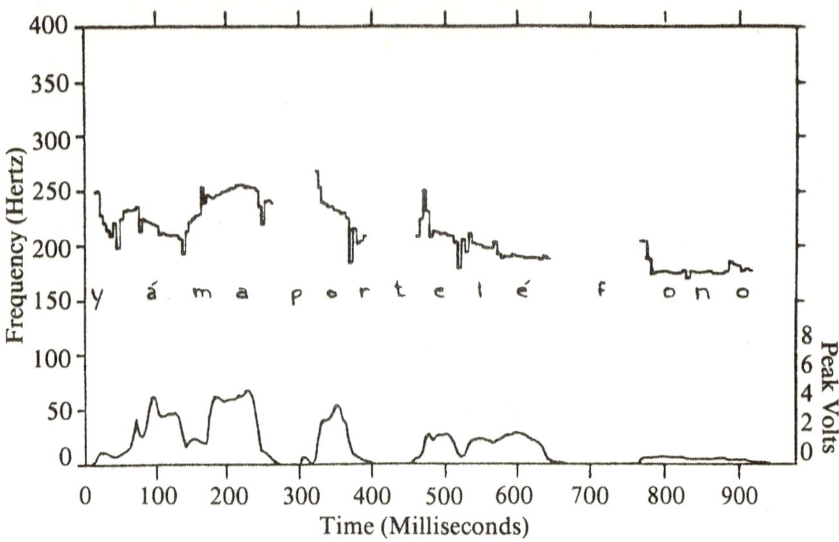

Figure 3. Imperative (top) and declarative (bottom) examples for Subject 3, *Llama por teléfono.*

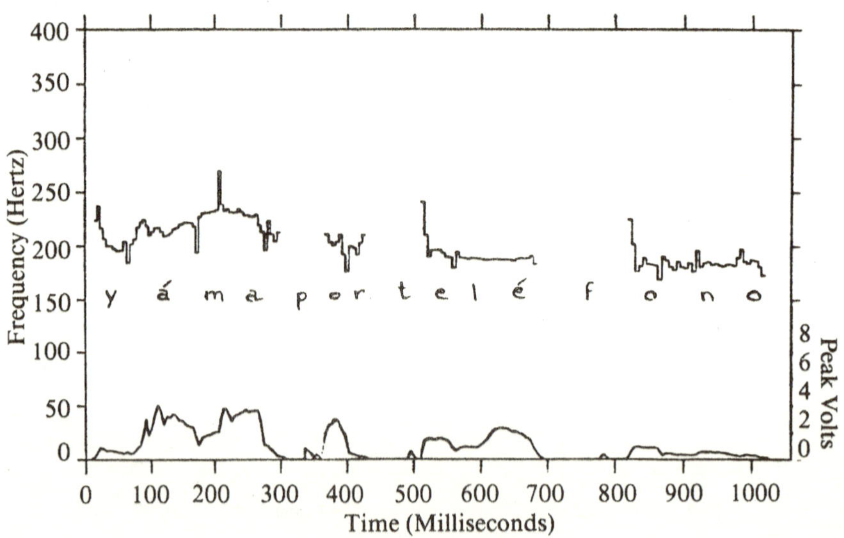

The point made here is that there are several prominence patterns which can combine with varied intonations independently. There is no uniform declarative vs. imperative strategy along the dimensions of prominence or intonation patterns, but strong tendencies for the 'same' pattern and initial rising tunes do emerge.

So far, we see no clear 'imperative' vs. 'declarative' sentence prosody. Acoustic data are discussed now for sentence length, peak frequency, and high to low (semitone) sentence range.

5. Sentence length. Table 1 gives data on sentence length in msecs., and includes means and sample standard deviations ('s.d.'). Columns 1-4 show the subjects, sentences, and values for declarative and imperative types. Column 5 gives the length difference for the two sentence types; a positive number indicates that the imperative is the longer of the pair. The next three columns are the means and standard deviations for Columns 3-5, respectively. The standard deviation is given below its respective mean. The final column shows probability for differences within each subject between the two types.

Table 1. Sentence length (msecs.)

1	2	3	4	5	Mean/s.d. of Cols. 3-5			Prob. of
S.	Sent.	Dec.	Imp.	Diff. I-D	Col. 3	Col. 4	Col. 5	S's diff.
1	Abre	894	1008	114	1117.43	1228.29	110.86	p<.001
	Escribe	1057	1206	149	190.77	191.76	44.60	
	Limpia	1008	1182	174				
	Llama	997	1076	79				
	Pasa	1297	1387	90				
	Regresa	1126	1168	42				
	Termina	1443	1571	128				
2	Abre	959	1002	43	1186.86	1203.00	16.14	n.s.
	Escribe	1152	1146	−6	196.06	189.52	59.36	
	Limpia	1063	1045	−18				
	Llama	1171	1135	−36				
	Pasa	1484	1433	−51				
	Regresa	1055	1161	106				
	Termina	1424	1499	75				
3	Abre	854	868	14	1028.71	1019.14	−9.57	n.s.
	Escribe	912	927	15	156.03	147.93	40.42	
	Limpia	933	964	31				
	Llama	1058	977	−81				
	Pasa	1245	1263	18				
	Regresa	967	943	−24				
	Termina	1232	1192	−40				

Table 1 continued

Table 1 continued.

1	2	3	4	5	Mean/s.d. of Cols. 3-5			Prob. of
S.	Sent.	Dec.	Imp.	Diff. I-D	Col. 3	Col. 4	Col. 5	S's diff.
4	Abre	839	868	29	1071.00	1098.43	27.43	n.s.
	Escribe	912	1033	121	178.03	214.53	113.58	
	Limpia	1051	901	−150				
	Llama	1002	1066	64				
	Pasa	1250	1442	192				
	Regresa	1102	1041	−61				
	Termina	1341	1338	−3				
				Total:	1101.00	1137.21	36.21	
					180.70	196.27	81.04	

Column 1: Subjects; Column 2: Sentences; Columns 3-4: Declarative vs. Imperative values; Column 5: Differences between the two types (imperative minus declarative); Respective means and (sample) standard deviations for columns 3-5; Last column: Probability for the subject's differences (Column 5).

The 'Totals' for the columns giving means and standard deviations indicate that the imperatives on the average are somewhat longer than the declaratives. Subjects 1, 2, and 4 also have higher averages for their imperatives, but Subject 3 has an imperative average 9 msecs. shorter than for her declaratives. Except for Subject 1, each subject has some imperatives with shorter length than their corresponding declaratives. The imperative sentence, *Abre la ventana*, is the only one consistently longer across the subjects than its declarative counterpart.

The raw data do not augur well for Navarro's claim that imperatives are necessarily shorter than or equal to declaratives in length. There seems to be a tendency for imperatives to be equal to or longer overall than declaratives, but not significantly so, except for Subject 1. A t-test for differences between the two types indicates significantly longer imperatives only for Subject 1 ($p < .001$., final column); the other subjects' data do not yield significant differences.

6. Sentence peak frequency (Hz.). The peak frequency usually coincides with the post-stressed syllables of the initial verb; in several cases the peak value was taken from the final stressed or accented syllable of the sentence, which received the highest intonational accent. The peak frequency measurement is an indication that the imperatives may utilize a different portion of the overall frequency range, by rising to a higher point than do declaratives. Table 2 shows the peak F_0 for each sentence.

Columns 1-4 are the subjects, sentences, and values for the declarative and imperative sentences. Column 5 gives the differences between the declarative and imperative sentence peak F_0. A positive number indicates

Table 2. Sentence peak frequency (Hz.)

1	2	3	4	5	Mean/s.d. of Cols. 3-5			Prob. of
S.	Sent.	Dec.	Imp.	Diff. I-D	Col. 3	Col. 4	Col. 5	S's diff.
1	Abre	263	292	29	254.57	291.71	37.14	p<.025
	Escribe	236	283	47	16.46	36.57	28.82	
	Limpia	265	362	97				
	Llama	227	239	12				
	Pasa	256	281	25				
	Regresa	266	300	34				
	Termina	269	285	16				
2	Abre	300	304	4	291.43	327.43	36.00	p<.005
	Escribe	297	355	58	27.69	27.96	19.10	
	Limpia	336	369	33				
	Llama	246	295	49				
	Pasa	278	332	54				
	Regresa	303	333	30				
	Termina	280	304	24				
3	Abre	248	270	22	262.14	272.14	10.00	n.s.
	Escribe	249	252	3	22.39	22.30	17.40	
	Limpia	302	315	13				
	Llama	239	255	16				
	Pasa	248	281	33				
	Regresa	273	278	5				
	Termina	276	254	−22				
4	Abre	237	280	43	262.29	292.00	29.71	p<.05
	Escribe	256	299	43	37.69	11.92	30.26	
	Limpia	334	302	−32				
	Llama	215	273	58				
	Pasa	269	306	37				
	Regresa	277	291	14				
	Termina	248	293	45				
				Total:	267.61	295.82	28.21	
					29.39	32.02	25.68	

Column 1: Subjects; Column 2: Sentences; Columns 3-4: Declarative vs. Imperative values; Column 5: Differences between the two types (imperative minus declarative); Respective means and (sample) standard deviations for columns 3-5; Last column: Probability for the subject's differences (Column 5).

that the imperative has the higher peak of the pair. The next three columns are the means, with the (sample) standard deviations ('s.d.') directly below their means for Columns 3, 4, and 5, respectively. The final column is the probability for the individual subject differences (Column 5).

The means and standard deviations show higher peak F_0 for imperatives for all subjects. A t-test on the difference (Column 5) within each subject resulted in a statistically significant difference for Subjects 1, 2, and 4 ($p<.05$, final column). There are two individual declarative items which are exceptions to the imperative having a higher peak frequency than the declarative: Subject 3, *Termina el trabajo mañana*, and Subject 4, *Limpia el cuarto.*[2]

7. Frequency range (semitones). These measurements examine the claim that imperatives have a widened tonal range. The data from sentence peak to sentence low F_0 (the lowest point) were converted to a semitone range and are presented in Table 3. Columns 1-4 are the subjects, sentences, and declarative and imperative range values. Column 5 is the difference between the two sentence types, with a positive number indicating that the imperative has a larger range. The means and (sample) standard deviations ('s.d.') for Columns 3-5 are found in the next three columns. The standard deviations are given below their respective means. Significance for individual subject differences is given in the final column.

Table 3. Sentence range (semitones).

1	2	3	4	5	Mean/s.d. of Cols. 3-5			Prob. of
S.	Sent.	Dec.	Imp.	Diff. I-D	Col. 3	Col. 4	Col. 5	S's diff.
1	Abre	8.18	12.98	4.80	10.17	13.14	2.97	$p<.05$
	Escribe	8.92	13.74	4.82	1.76	1.98	2.66	
	Limpia	10.32	16.82	6.50				
	Llama	9.52	10.15	0.63				
	Pasa	9.14	13.08	3.94				
	Regresa	12.66	12.95	0.29				
	Termina	12.46	12.31	−0.15				
2	Abre	8.37	8.69	0.32	7.70	10.53	2.83	$p<.001$
	Escribe	8.38	11.47	3.09	1.87	1.82	1.20	
	Limpia	10.81	13.72	2.92				
	Llama	4.75	8.84	4.10				
	Pasa	7.52	10.99	3.46				
	Regresa	7.63	10.94	3.31				
	Termina	6.44	9.07	2.63				
3	Abre	6.44	6.36	−0.08	7.58	8.61	1.03	n.s.
	Escribe	5.81	7.44	1.63	1.85	2.99	2.67	
	Limpia	10.57	13.08	2.51				
	Llama	5.59	6.62	1.02				
	Pasa	7.05	12.82	5.77				
	Regresa	8.82	7.33	−1.49				
	Termina	8.80	6.65	−2.15				

Table 3 continued

Table 3 continued.

1	2	3	4	5	Mean/s.d. of Cols. 3-5			Prob. of
S.	Sent.	Dec.	Imp.	Diff. I-D	Col. 3	Col. 4	Col. 5	S's diff.
4	Abre	4.76	9.69	4.93	8.63	9.86	1.22	n.s.
	Escribe	8.57	10.82	2.25	2.70	1.23	2.91	
	Limpia	13.18	9.25	−3.93				
	Llama	6.35	8.82	2.47				
	Pasa	10.34	10.69	0.35				
	Regresa	8.76	8.12	−0.64				
	Termina	8.47	11.59	3.12				
				Total:	8.52	10.54	2.01	
					2.23	2.60	2.49	

Column 1: Subjects; Column 2: Sentences; Columns 3-4: Declarative vs. Imperative values; Column 5: Differences between the two types (imperative minus declarative); Respective means and (sample) standard deviations for columns 3-5; Last column: Probability for the subject's differences (Column 5).

The 'Total' averages and the individual subject averages indicate a wider semitone range for imperatives. Column 5 (Differences between the two types—imperative minus declarative) and the final column (Probability for the subject's differences) suggest the following: (1) except for Subject 2, who always has a wider imperative range, imperatives are not necessarily wider in range than their corresponding declaratives; (2) the average differences in range between the two sentence types are quite small—less then a semitone to a musical third (3-4 semitones). Subjects 3 and 4 average less than a semitone for the two types, with Subjects 1 and 2 showing the greatest difference between the two types. A t-test on the differences (Column 5) within each subject indicates significance only for Subjects 1 and 2 ($p<.05$, final column). This suggests that subjects' use of range differences for signalling the two types may be a question of individual 'styles'.

Therefore, the data do not substantiate a claim that imperatives are necessarily wider in frequency range than declaratives. They tend to support Navarro's claim that simple imperatives have slightly wider tonal range, but certainly not necessarily, as that claim would imply. Furthermore, Navarro (1966:186) claims that imperatives average 16 semitones. The data in my study show subject averages of 7.6-10.2 semitones for declarative sentences and 8.6-13.1 semitones for imperative sentences. The individual declarative sentences range from 4.8-13.2 semitones, and the imperative sentences from 8.1-13.7 semitones. My data also indicate that the imperative range is narrower than that expected from Navarro's claims of 16 semitones, summarized in (4).

(4) Sentence range (semitones):

	Declarative	Imperative
Navarro	8	16
Kvavik	7.6-10.2 (av. 8.5)	8.6-13.1 (av. 10.5)

The imperative differences may perhaps be attributed to elicitation or discourse styles, as Navarro examined reading style.

8. Discussion. In a task where speakers were asked to inform or command (polarized choices), it is surprising that differences are not more pronounced, given the literature on imperatives. The data indicate that speakers favor a particular prominence scheme and high-rising initial tunes on both verbs of the pair. Imperative sentence length tends to be slightly longer than declarative length. The imperative peak frequency is higher. The high to low semitone range is somewhat wider. However, there is a great deal of individual variation, and none of these dimensions may necessarily be found on any pair. In fact, an imperative can have shorter length and narrower frequency range.[3]

In summary, the data point to various strategies for pragmatic intentions in imperatives. In the same contexts, (1) speakers have different patterns at their disposal; (2) they show individual variation as to pattern preferences; and (3) overall, there are preferred strategies. The data require further analysis; amplitude measurements have not yet been made. So far no uniform simple imperative type has emerged in the data, suggesting gradient, rather than categorical differences. I also suggest there is no uniform type for other impositive sentences. If one must answer the question posed by the title of this study, the answer is 'No, there is no singular imperative intonation.' But 'Yes, there are favored tunes, prominence patterns, and suprasegmental uses to signal imperatives.'

Notes

The acoustical work was facilitated by the Speech Motor Control Laboratories, Waisman Center, University of Wisconsin, supported by NINCDS #NS-13274. Special thanks are owed to James H. Abbs, Director, SMCL, Cliff Gillman, and Jean Lentz, and for helpful critique to Dwight Bolinger and D. Robert Ladd, Jr. The manuscript was prepared while the author was a postdoctoral fellow at the Center for Research in Human Learning, University of Minnesota, supported by NICHHD #T-32-HD07151.

1. Imperatives are not included in Haden and Matluck's 1973 study of Havana Spanish, based on the *norma culta* questionnaire.

2. The case of Subject 4 is interesting in that she was clearly role playing, loudly stating to the family that the child was indeed 'cleaning his room' (*limpia el cuarto*). This loud declarative indicates that amplitude measure-

ments may be important, even crucial, for the declarative/imperative difference.

3. The sentence in question is from Subject 4, *Regresa a las ocho.* Interestingly, despite the shorter length and narrower frequency range for the imperative, the peak frequency was higher.

Contactos hispano-africanos en el Africa ecuatorial y su importancia para la fonética del Caribe hispánico

John M. Lipski
The University of Houston

La influencia africana en el español americano es indiscutible, ya que es imposible ignorar la presencia de centenares de miles de personas de origen africano que llegaron a formar parte de la sociedad colonial. Hoy en día siguen siendo perceptibles las huellas del contacto hispano-africano, en el aspecto físico de muchos pueblos hispanoamericanos, en su música, su folklore, y por supuesto en la dimensión lingüística. En cuanto a ésta, el área menos controvertido es la influencia léxica, pues de las diversas lenguas africanas llegaron al español americano muchísimos vocablos, de los cuales algunos sobrevivieron solamente en las zonas de más prolongado contacto hispano-africano, mientras que otros penetraron las barreras lingüísticas europeas e indígenas y se integraron en los demás países latinoamericanos. Dada esta presencia étnica, es lógico que se extienda la búsqueda de huellas africanas para abarcar también las dimensiones sintáctica, morfológica y fonética.

A pesar de que hoy en día no existe un español acriollado de uso diario en Hispanoamérica,[1] salvo en algunos islotes lingüísticos muy pequeños,[2] podemos postular la existencia previa de un subdialecto afrohispánico, por lo menos en algunas áreas de la región caribeña, pero para escudriñar los pormenores lingüísticos de este lenguaje tenemos que recurrir a los documentos literarios de épocas anteriores, que pretenden representar el habla de los negros criollos y 'bozales' (nacidos en Africa), además de estudios folklóricos más recientes.[3] Las atestaciones literarias son sumamente problemáticas, pues es imposible rechazar por completo el elemento de burla, estereotipo, menosprecio y exageración que caracteriza el 'habla de negro' literaria, producto siempre de autores blancos de las clases más acomodadas, algunos de los cuales ni siquiera tendrían contacto directo con los propios negros que pretendían describir.[4] A pesar de las dificultades que presenta la documentación literaria e histórica sobre el lenguaje afrohispánico de la época colonial y poscolonial, algunos investigadores han postulado una influencia africana en la fonética y la fonología de algunos dialectos hispanoamericanos, combinando las imitaciones literarias con los datos demográficos sobre la población negra de Hispanoamérica.[5] Basándose en las mismas manifestaciones literarias y folklóricas, otros investigadores han postulado que la verdadera base lingüística de los dialectos afrohispánicos era un portugués acriollado, puesto que España solía comprar sus esclavos a los traficantes portugueses, que mantenían factorías en varios territorios africanos y aun en Lisboa.[6] Estas concentraciones de esclavos producían un proceso de homogeneización de las distintas lenguas africanas, que les daba tiempo a los esclavos para que adquirieran unos conocimientos rudimentarios del idioma portugués. Efectivamente, algunos de los cambios fonéticos del 'habla bozal' se parecen más a la evolución del portugués que a la española.

Si partimos de los primeros ejemplos del 'habla de negro' en las obras dramáticas y poéticas del Siglo de Oro, se nos presentan, además de grandes reducciones gramaticales, las siguientes características fonéticas:[7]

(1) Neutralización ocasional de /d/ y /r/ intervocálicas.
(2) Pérdida de /s/ en posición final de sílaba.
(3) Neutralización y elisión de /l/ y /r/ en posición implosiva, intervocálica y posconsonántica.
(4) Neutralización de los fonemas vibrantes /r/ y /r̄/.

Con la excepción del papiamentu, las grandes reducciones gramaticales no han sobrevivido en los dialectos actuales del español americano, aunque existen algunas reducciones paradigmáticas en el dialecto palenquero de Colombia,[8] el 'congo' de Panamá,[9] y tal vez en otras regiones pequeñas.[10] Por otra parte, es bien sabido que la /s/ hispanoamericana es sumamente débil en muchas áreas; alcanza su reducción máxima en los países del Caribe, donde siempre estuvo más concentrada la población negra. Esta misma zona lingüística también presenta un alto grado de neutralización de /l/ y /r/ en posición implosiva. /d/ y /r/ se neutralizan regularmente sólo en algunas regiones de la costa pacífica de Colombia y Ecuador,[11] además de figurar en el dialecto palenquero de Colombia y en el dialecto congo de Panamá. La neutralización de /r/ y /r̄/ sólo ocurre en palenquero, congo, y en algunas zonas de diglosia con lenguas indígenas, donde existen grandes poblaciones que no dominan por completo la lengua española.

La reducción de /s/ ocurre en otras partes de Hispanoamérica que hoy en día no ostentan una gran población de origen africano, pero es indudable que las zonas que más reducen la /s/, no sólo aspirándola sino reduciéndola al cero fonético, son los dialectos caribeños y las zonas de la costa pacífica de Colombia y Ecuador, precisamente las zonas que han mantenido la presencia africana menos adulterada hasta la actualidad. La neutralización de /l/ y /r/ ocurre esporádicamente en otros dialectos hispanoamericanos, pero su frecuencia es muy reducida en comparación con las tasas de trueque y elisión encontradas en los países caribeños, con la posible excepción de la región central de Chile.[12] Como resultado de esta distribución geográfica, la pérdida de /s/ y la neutralización de /l/ y /r/ han sido atribuidas a la presencia de una gran población africana durante un prolongado período de la época colonial. Otros estudiosos han postulado una teoría menos drástica de una influencia africana auxiliar, que coadyuvaba el desarrollo de procesos fonéticos originados en el español peninsular.

A estos fenómenos ha sido agregado otro para redondear el conjunto de posibles africanismos fonéticos, la velarización de /n/ final de palabra.[13] La distribución geográfica de este fenómeno es menos favorable para un análisis afrohispánico, pues la /n/, además de velarizarse en toda la región caribeña, sufre la misma modificación en toda el área centroamericana y en gran parte del sureste de México, en todo el Ecuador y el litoral peruano, y con cierta frecuencia en los países del Cono Sur. A pesar de esta distribución extendida, los protagonistas de las teorías africanistas han comentado que muchas de las principales lenguas africanas que se supone se hablaban entre los esclavos de las colonias hispanoamericanas contienen una nasal velar en posición final de palabra. Además, es sabido que muchas de estas mismas lenguas no distinguen fonológicamente entre /l/ y /r/, y que carecen de desinencias consonánticas. Es curioso notar que entre los países hispanoamericanos, la neutralización de /l/ y /r/ suele llevar un estigma social, tacha que se ve algo reducida en el caso de la elisión de /s/ (y aun más para su aspiración), mientras que la velarización de /n/ final de palabra no parece despertar ninguna conotación negativa, y suele pasar inadvertida.[14]

Por muy atractiva que sea la teoría africanista de los fenómenos consonánticos ya mencionados, tiene que enfrentarse con la realidad dialectal, pues estos mismos fenómenos también existen, a veces en forma aun más aguda, en muchas partes de España e Islas Canarias, lo cual ha dado lugar a las conocidísimas teorías del 'andalucismo' del español americano. Por ejemplo, la reducción de /s/ alcanza en Andalucía extremos todavía desconocidos entre los países hispanoamericanos; vale lo mismo para la neutralización y sobre todo la elisión de /l/ y /r/ aun entre personas cultas, y la /n/ final de palabra en Andalucía no sólo se velariza sino que se pierde con una frecuencia que sobrepasa con creces las características prevalecientes entre los dialectos hispanoamericanos. Para colmo de males, es casi imposible separar las influencias andaluzas/canarias y las postuladas influencias africanas, ya que las mismas zonas portuarias que atraían hacia sí las tendencias lingüísticas de Andalucía, también eran los puertos de desembarque para los esclavos africanos que por supuesto formaban un sector significante de la población de estas mismas ciudades.[15]

Existe, por ende, una situación sumamente confusa en cuanto a la posible influencia africana en la fonética del español americano, debido a la imposibilidad de separar los varios factores que contribuyeron a la formación de la zona dialectal caribeña y a la falta de información precisa sobre las etapas anteriores de los subdialectos afrohispánicos. Para enfocar el problema desde otro ángulo, podemos recurrir a la única región del Africa subsahárica donde se habla el español, junto con algunas lenguas africanas que pertenecen a las mismas agrupaciones bantúes que muchas lenguas que con seguridad fueron llevadas a las Américas: la República de Guinea Ecuatorial.[16] Es de importancia vital el estudio y la evaluación de la lingüística ecuatoguineana, pues corresponde a una situación actual en la que existe un contacto documentado que, dentro de ciertos límites, reproduce las condiciones de diglosia afrohispánica que caracterizaban la época colonial.

La República de Guinea Ecuatorial consiste principalmente en dos regiones geográficamente separadas, la isla de Fernando Poo (hoy llamada Bioko), y Río Muni, un enclave entre Gabón y el Camerún. Además, existen la remota isla de Annobón y unas islas pequeñas.[17] Lingüísticamente, la situación es tan heterogénea como la propia geografía: en Río Muni, predomina el idioma fang, lengua bantú originalmente hablada sólo en el interior del continente pero hoy la lengua predominante de la capital riomunense, Bata. En el litoral de Río Muni, se encuentran los 'playeros' (Combe, Bujeba, Benga, etc.), que hablan lenguas bantúes relacionadas entre sí. Los annoboneses hablan 'fa d'ambú,' un criollo portugués relacionado al dialecto de São Tomé y Príncipe. La lengua autóctona de Fernando Poo es el bubi, otra lengua bantú. Además, se habla el 'pichininglis' o inglés acriollado, traído por los numerosos braceros nigerianos que en épocas anteriores constituían la mayoría de la población insular, y por los 'fernandinos', descendientes de esclavos liberados de la costa occidental de Africa. También hay muchos hablantes del fang, debido a los movimientos demográficos ocasionados por la nefasta política del régimen anterior, que impulsó la evacuación de los bubi hacia la parte continental y la expulsión de los nigerianos y demás extranjeros de toda la nación.

Podemos afirmar que ningún guineano es hablante monolingüe del español, y pocos lo hablan como lengua nativa, puesto que en la mayoría de los hogares guineanos predomina el uso de las lenguas autóctonas. Sin embargo, el español representa la lingua franca para la comunicación interétnica (función compartida con el pichininglis), además de ser el único idioma oficial de la nación, y figura en todos los actos del gobierno. La implantación de la lengua castellana en la Guinea Ecuatorial fue obra de dos grupos: los grandes plantadores de cacao (en su mayoría catalanes y valencianos) y los grupos religiosos (Claretianos) que se encargaban de alfabetizar el pueblo y de difundir la religión católica. Como resultado, las pautas dialectales del español peninsular que llegaron a la Guinea Ecuatorial y a la pequeña población española durante la época colonial (menos de 5% en todo el territorio nacional) nunca dieron lugar a la formación de un dialecto propiamente guineano del español entre los hablantes de origen peninsular, ni siquiera entre los que habían nacido en Guinea.[18] Para los hablantes africanos, siempre ha existido una modalidad distinta en la manera de hablar el español, un deje inconfundible, que manifiesta cierta amplitud de variación vertical y posiblemente regional. Como fondo dialectal del español afroguineano, tenemos siempre la influencia castellana/catalana, que ha canalizado la evolución lingüística hacia ciertos parámetros distintivos, como veremos más adelante. Nunca ha habido una población significativa de gallegos, andaluces o canarios, aunque últimamente ha llegado un grupo de comerciantes canarios.

En lo que va a continuación, nos limitaremos a una presentación sobre el habla de Malabo (antes Santa Isabel), capital de la Guinea Ecuatorial, siendo ésta la ciudad donde más homogéneamente se habla el español. Los datos resultan de una investigación realizada en el verano de 1983. Aunque fueron entrevistadas muchas personas de todas las etnias y profesiones que ofrece Malabo, para los fines de una presentación cuantitativa fueron escogidos 12 informantes, que representan una sección transversal de la diversidad etnolingüística de Malabo; sus datos personales figuran en el Cuadro 1. Cada informante proporcionó unos 30 minutos de material grabado, en forma de conversación libre o diálogo dirigido. Podemos afirmar que a pesar de las diferencias importantes entre los patrones fonotácticos de los idiomas autóctonos,[19] estas diferencias no se suelen reflejar en el español hablado por personas de las distintas agrupaciones étnicas. Es posible detectar algunas diferencias suprasegmentales correlacionadas con las lenguas nativas,[20] y una que otra divergencia en el punto de articulación de algunas consonantes, pero en cuanto a los fenómenos claves de aplicación variable, no hemos detectado ninguna diferencia sistemática entre las agrupaciones étnicas. Más bien, en Malabo se está formando una comunidad sociolingüística de habla española que representa la intersección de los contornos fonéticos de las varias lenguas indígenas. En este sentido, la diversidad etnolingüística en Guinea Ecuatorial es semejante a la situación que habría de caracterizar las poblaciones de negros bozales radicadas en Hispanoamérica durante la época colonial.

Antes de describir en detalle las manifestaciones fonéticas del español guineano, debemos ofrecer unas observaciones de carácter general. A primera vista, lo más notable del español de Malabo es que no ha sido acriollado, ni tampoco existe evidencia fehaciente de una etapa acriollada

Cuadro 1. Perfil de los informantes del español de Malabo.

Informante N.	Edad	Sexo	Años en M	Grupo étnico	Otras residencias	Visitas a España	Educación	Oficio
1	34	M	22	annobonés	Annobón	servicio militar	Ia+	comerciante
2	35	M	18	annobonés	Annobón	ninguna	IIA+	portero/pescador
3	27	M	15	fang	Río Muni	ninguna	IIa+	portero
4	22	F	3	annobonés	Annobón	ninguna	unos años Ia	limpiadora
5	59	M	59	bubi	ninguna	varias	IIa+	bibliotecario
6	21	M	15	combe	Río Muni	estudios	instituto	estudiante
7	47	M	8	hausa	Camerún	ninguna	unos años Ia	comerciante
8	27	M	26	fernandino	Río Muni	ninguna	Ia	taxista
9	22	F	22	bubi	ninguna	una	IIa	recepcionista
10	23	F	23	bubi	ninguna	ninguna	unos años Ia	limpiadora
11	24	M	12	fang	Río Muni	ninguna	Ia	barman
12	46	F	46	bubi	ninguna	ninguna	unos años IIa	ama de casa

anterior. Los guineanos hablan el castellano con una proficiencia que representa una gama entre una falta casi total de competencia activa y un grado de soltura y precisión verdaderamente asombroso. Al mismo tiempo, prácticamente todos los ecuatoguineanos, aun los individuos más cultos que han vivido y estudiado en España, suelen cometer ligeros errores gramaticales con cierta frecuencia, y ninguno ha podido superar el inconfundible deje fonético y suprasegmental que identifica al hablante guineano. Preguntándonos por qué no ha tenido lugar un proceso de reducción gramatical en la Guinea Ecuatorial, vemos que muchas de las condiciones consideradas como esenciales para la formación de un dialecto criollo no se han cumplido en el caso guineano.[21] En ningún momento de la historia colonial (que apenas abarca el intervalo 1858-1968 para Fernando Poo y 1900-1968 para Río Muni[22]) ha habido una separación prolongada entre el pueblo guineano y la comunidad española residente. Tampoco hay evidencia que apoye la existencia de un 'lenguaje infantil' usado por los españoles al tratar con los guineanos, tal como se ha postulado para otros dialectos acriollados.[23] Además, aunque durante un período la vida de las plantaciones de cacao se hubiera parecido un poco a los sistemas esclavistas del Nuevo Mundo, nunca existió la esclavitud como tal en la Guinea Española, y por lo tanto los parámetros sociolingüísticos eran muy diferentes de los que imperaban en las colonias hispanoamericanas. El sujeto español que trabajaba en la Guinea casi siempre era de la clase media alta, razón por la cual hay una escasez de elementos netamente populares o aun vulgares en el español afroguineano, a diferencia de los dialectos del Caribe.

Tal vez el factor más importante que ha impedido la formación de un criollo en la Guinea Ecuatorial es que nunca hubo una fragmentación masiva de las distintas etnias guineanas, lo que habría convertido al idioma castellano en medio obligatorio de comunicación cotidiana. Los guineanos han podido mantener sus lenguas nativas para la comunicación interpersonal, y en las áreas donde la mezcla étnica es mínima, no ha existido la necesidad de utilizar el español como lingua franca, existiendo además el recurso del pichininglis. Cuando los guineanos hablan con sus compatriotas en lengua castellana, los resultados, aunque algo reducidos en comparación con el castellano de España, distan mucho de conformar un dialecto acriollado. En Guinea Ecuatorial, la distancia cultural y lingüística entre la colonia y la metrópoli nunca llegó a ser tan grande como para causar el aislamiento lingüístico que ocurrió en otras áreas de Africa y el Caribe. Es interesante plantear la pregunta de cuáles habrían sido los resultados de un prolongado aislamiento resultante de una política como la del régimen anterior, pero en todo caso la Guinea Ecuatorial ha vuelto a tener contacto lingüístico y cultural con España, después de un hiato de 11 años de relaciones difíciles, y el idioma español no corre el menor riesgo de desaparecer. Incluso parece entrar en juego un elemento de nacionalismo, puesto que la Guinea Ecuatorial es el único país hispanoparlante del Africa subsahárica, y los guineanos que se encuentran en los países vecinos utilizan el castellano como símbolo de identidad cultural y nacional.

Presentaremos ahora algunos aspectos fonéticos del español de Malabo, que en la mayoría de los casos también corresponden al uso de las demás regiones de la nacíon.

1. /b/, /d/ y /g/ siempre mantienen una articulación oclusiva, en todos los contextos fonéticos.[24]

2. La /d/ final de palabra se realiza indiscriminadamente como oclusiva o como cero fonético, sin pasar nunca por una etapa fricativa. Vale lo mismo para la /d/ intervocálica, sobre todo en la desinencia verbal *-ado*, donde hay alternancia libre entre [ado] y [ao], siendo ésta la forma preferida por los españoles. Este polimorfismo no resulta de un proceso natural de lenición fonética, sino de una percepción defectuosa de la fonotáctica española.

3. /t/ y /d/ casi siempre tienen articulación alveolar.[25]

4. La /n/ final de palabra es exclusivamente alveolar. La velarización de /n/ final de palabra brilla por su ausencia en el español guineano, y la elisión de /n/ es muy infrecuente.

5. La /s/ recibe una articulación convexa, y es rara la pronunciación apical que caracteriza algunos dialectos peninsulares. En algunas ocasiones, como veremos en seguida, la /s/ puede perderse, pero casi nunca pasa por una etapa de aspiración, como ocurre en los demás dialectos del español. Igual que la /d/, parece tratarse de un polimorfismo motivado por una percepción limitada de la fonotáctica española, que hace caso omiso de las variantes reducidas de algunos fonemas, y pasa directamente de la articulación plena al cero fonético.

6. Para la mayoría de los guineanos, no existe el fonema interdental /θ/, y en los pocos casos en que aparece, no se introduce correctamente.

7. La /y/ intervocálica es muy débil y tiende a elidirse, sobre todo en contacto con /i/.

8. No existe la lateral palatal /λ/.

9. La fricativa labiodental [v] coexiste con la oclusiva [b], pero la correspondencia con las normas ortográficas es sólo parcial.

10. No existe distinción fonémica entre los fonemas vibrantes /r/ y /r̄/, realizándose los dos fonemas como vibrante simple [r].[26]

11. La nasal palatal /ɲ/ suele realizarse como semivocal nasalizada [ỹ].

12. Existe considerable inestabilidad vocálica, sobre todo entre las vocales átonas, donde no es raro que /a/, /e/ y /o/ se reduzcan a [ə]. En posición tónica, se mantienen las cinco vocales del español peninsular, pero no es imposible que ocurran errores de articulación.

13. Entre palabras no existe el enlace fonético característico de la fonética española, sino que se mantiene una separación nítida, a veces con oclusión glotal, aun en el discurso más fluido.

La realidad fonética del español guineano es muy compleja, porque además del polimorfismo y la inestabilidad articulatoria que caracterizan todos los idiolectos ecuatoguineanos, existen peculiaridades que no ocurren en los demás dialectos del español. Es posible, sin embargo, que estas características hayan existido en los dialectos afrohispánicos de la época colonial hispanoamericana, ya que la escasa documentación histórica no permite la formación de conclusiones definitivas. Hoy en día, por ejemplo, la neutralización de /r/ y /r̄ es bastante frecuente en circunstancias de diglosia en Hispanoamérica, donde la pronunciación oclusiva de /b/, /d/ y /g/ también es conocida. La presencia de deslindes u oclusiones glotales entre palabras es una característica del español hablado por sujetos indígenas en varias regiones de Hispanoamérica (y aun entre personas cultas en el Paraguay), y probablemente figuraba entre las modalidades lingüísticas de algunos esclavos africanos durante la primera etapa de su aprendizaje del español. Estos casos, en vez de representar una profunda transformación fonológica, reflejan un pequeño desajuste sistemático entre el español y algunas lenguas amerindias o africanas, y las consecuencias fonológicas no suelen ir más allá de la creación de un deje regional o étnico.

Las teorías africanistas han postulado otras influencias fonológicas más profundas sobre el español caribeño, notablemente la reducción de /s/ y la neutralización de /l/ y /r/. Veamos primero los pormenores del segundo fenómeno en el español ecuatoguineano. En los países hispanoamericanos en que se produce la neutralización de los fonemas líquidos, este fenómeno ocurre sólo en posición final de sílaba, ante consonante o pausa. Sin embargo, en las representaciones literarias o folklóricas del 'habla de negros,' esta neutralización también ocurre en posición intervocálica y en contextos preconsonánticos, razón por la cual algunos investigadores han postulado una etapa intermedia de portugués acriollado entre las poblaciones negras de Hispanoamérica.[27] En el Cuadro 2 vemos las cifras sobre el comportamiento de /l/ y /r/ en el español de Malabo, las cuales no se ajustan a ninguna región dialectal del Caribe o del sur de España, según vemos en las cifras comparativas del Cuadro 3.

Es digno de mención que el acento catalán, que representa una de las principales bases dialectales del español ecuatoguineano, apenas acusa la neutralización de /l/ y /r/, mientras que la elisión de /r/ final de frase ocurre con cierta frecuencia. Podemos concluir que la mera influencia africana sobre la fonología del español no basta para neutralizar ni para borrar las realizaciones de los fonemas líquidos, lo que subraya la necesidad de profundizar en la naturaleza dialectal de la diglosia hispano-africana, en la Guinea Española y en la región caribeña. Mientras que la base dialectal del

Cuadro 2. Realizaciones de /r/ y /l/ en el español de Malabo.

/1/##	(final de frase):
[l]	91.3%
[r]	2.0%
∅	6.7%
N=	745
/l/#C	(final de palabra ante consonante):
[l]	82.8%
[r]	2.6%
∅	14.6%
N=	1340
/l/C	(ante consonante, interior de palabra):
[l]	88.9%
[r]	4.7%
∅	6.4%
N=	855
/r/##	(final de frase):
[r]	81.9%
[l]	1.0%
∅	17.6%
N=	910

/r/#C	(final de palabra ante consonante):
[r]	89.3%
[l]	0.3%
Ø	10.3%
N=	1452
/r/C	(ante consonante, interior de palabra):
[r]	95.7%
[l]	0.2%
Ø	4.1%
N=	2665
C/l/V	(posición posconsonántica):
[l]	97.4%
[r]	2.6%
N=	973
C/r/V	(posición posconsonántica)
[r]	100%
[l]	0%
N=	2156
V/l/V	(entre vocales):
[l]	98.5%
[r]	1.5%
N=	1711
V/r/V	(entre vocales):
[r]	100%
[l]	0%
N=	4164

Cuadro 3. Realización de /l/ y /r/ en España e Hispanoamérica.

	/r/C			/r/#C			[r]##			/l/C			/l/#C			/l/##		
Area	/r/	/l/	Ø	/r/	/l/	Ø	/r/	/l/	Ø	/l/	/r/	Ø	/l/	/r/	Ø	/l/	/r/	Ø
Barcelona	98	0	2	96	0	4	83	0	17	99	0	1	98	0	2	95	0	0
Madrid	99	0	1	99	0	4	97	0	3	100	0	0	100	0	0	99	0	1
Cáceres	96	0	4	88	2	10	47	0	53	84	0	16	81	1	18	56	0	44
Granada	89	1	9	65	1	34	27	1	72	48	31	21	52	10	38	25	0	75
Murcia	82	10	8	71	20	9	64	8	28	78	2	20	75	0	25	50	0	50
Sevilla	84	2	14	70	0	30	29	0	71	43	38	18	47	18	35	38	0	62
Las Palmas	73	12	15	59	17	24	28	8	64	65	23	12	73	2	25	36	7	57
Cuba	47	8	45	35	10	55	43	39	18	86	1	13	81	3	16	85	4	11
Rep. Dom.	22	50	28	25	51	24	49	32	19	89	3	8	88	2	10	79	2	19
Panamá	86	1	13	77	2	21	65	6	29	77	2	21	81	0	19	87	2	11
Puerto Rico	23	41	37	11	60	29	28	64	8	91	1	8	85	0	15	90	1	9
Venezuela	51	13	36	42	20	37	74	10	16	83	7	10	80	2	18	89	3	8

español afroguineano es el conjunto catalán-levantino-castellano, la región caribeña se caracterizaba por una fuerte influencia andaluza/canaria, y en grado menor, extremeña. Si a esto agregamos las condiciones bajo las cuales laboraban los esclavos africanos en las colonias hispanoamericanas, desprovistos de oportunidades de superación cultural y en contacto constante con capataces, obreros y demás gentes de las capas sociales más humildes, es lógico que en el habla de los negros esclavos se viesen reforzadas las mismas tendencias que desde un tiempo atrás habían aparecido en los dialectos del sur de España y que hoy en día representan fenómenos de poco prestigio en otras áreas del mundo hispánico.

En el español afroguineano, es rara la neutralización de /r/ y /d/, aunque en el habla rápida puede suceder este fenómeno debido a la articulación a la vez oclusiva y alveolar de /d/, que difícilmente se diferencia de una [r] bajo condiciones de gran rapidez articulatoria.

Otro proceso frecuentemente asociado con la influencia africana sobre el español americano es la reducción de /s/ final de sílaba y final de palabra, no solamente hacia la aspiración sino también hacia la elisión total. Las mismas áreas caribeñas en que se oye una /s/ reducida en posición final de sílaba recibieron la influencia andaluza/canaria/africana más directa y más prolongada. Es por lo tanto probable que la propia reducción de /s/ y aun su elisión total, no se deba directamente a la influencia africana, sino que ésta se haya agregado a los contornos fonéticos ya definidos por los dialectos peninsulares posteriormente filtrados hacia las colonias americanas. En los primeros ejemplos literarios del 'habla bozal' en las obras del Siglo de Oro,[28] la eliminación de /s/ ocurre sólo al final de la palabra en casos en que /s/ carece de función gramatical: en el morfema verbal -*mos* y en palabras como *Jesús* y *Dios*; en la actualidad, sucede lo mismo en muchos dialectos acriollados del portugués.[29]

En la Guinea Ecuatorial, la /s/ es muy resistente en comparación con los dialectos del Caribe. El Cuadro 4 presenta los datos sobre la realización de /s/ en Malabo, y en el Cuadro 5 figuran los datos comparativos para otros dialectos claves. Vemos que prácticamente no existe una etapa intermedia de aspiración en el español ecuatoguineano, salvo en el caso de la /s/ preconsonántica final de palabra. La /s/ final de palabra ante vocal casi nunca se aspira en Malabo, aunque es ésta la realización normal en muchos dialectos del sur de España, de Canarias y del Caribe. Otra faceta curiosa del comportamiento de /s/ en Malabo es su poca resistencia en posición final absoluta, en comparación con las demás posiciones; esta distribución es la opuesta de la que caracteriza los demás dialectos del español en que la /s/ sufre una reducción consistente.[30]

Estas cifras han de parecer caóticas, indicando una confusión y un aprendizaje defectuoso del español peninsular, lo cual concuerda con otras observaciones sobre la fonética y la gramática del español guineano.[31] Sin embargo, la reducción de /s/ se caracteriza por una estructuración interna, tal como vemos en el Cuadro 6, que presenta los cálculos sobre la elisión de /s/ de

Cuadro 4. Realizaciones de /s/ en el español de Malabo.

/s/##	(final de frase):
[s]	87.7%
[h]	1.9%
∅	10.4%
N=	2844
/s/C	(ante consonante, interior de palabra):
[s]	92.5%
[h]	4.8%
∅	2.7%
N=	5666
/s/#C	(final de palabra ante consonante):
[s]	76.5%
[h]	8.5%
∅	15.0%
N=	4554
S#V	(final de palabra ante vocal):
[s]	92.1%
[h]	0.0%
∅	7.9%
N=	2150

Cuadro 5. Realización de /s/ en varios dialectos peninsulares e hispanoamericanos (%).

	/s/C			/s/#C			/s/##			/s/#V́			/s/#V̆		
Area	/s/	/h/	∅	/s/	/h/	∅	/s/	/h/	∅	/s/	/h/	∅	/s/	/h/	∅
Barcelona	99	1	0	92	8	0	95	4	1	100	0	0	96	4	0
Madrid	94	6	0	69	29	2	82	12	6	92	8	0	96	4	0
Cáceres	2	91	7	0	94	6	9	8	83	23	77	0	0	95	5
Granada	0	82	18	0	85	15	1	2	97	0	15	85	2	50	48
Murcia	1	70	29	0	80	20	18	11	71	36	36	28	38	41	21
Sevilla	0	95	5	0	91	9	5	2	93	69	10	21	1	46	54
Las Palmas	2	85	13	0	89	11	2	17	81	75	25	0	0	92	8
Cuba	3	97	0	2	75	23	61	13	26	48	28	25	10	53	27
Rep. Dom.	8	17	75	5	25	70	36	10	54	50	5	45	17	22	61
Panamá	2	89	9	1	82	17	25	6	69	69	17	14	2	39	59
Puerto Rico	3	92	5	4	69	27	46	22	32	45	32	23	16	53	31
Venezuela	7	40	53	3	47	50	38	16	46	57	26	17	15	52	33

acuerdo con su función gramatical. Notamos de inmediato que la /s/ final de palabra se pierde más frecuentemente en el morfema verbal *-mos* o cuando carece de valor gramatical, como en *pues*, *seis*, *además*. Hay una ligera diferencia entre el comportamiento de /s/ final de palabra según sea redundante (donde hay indicación de pluralidad mediante artículos distintivos, una /e/ en la forma plural, etc.) o distintiva (donde sólo la /s/ señala la pluralidad). Para los últimos casos, las cifras entre paréntesis indican los casos en que la /s/ señal de plural se mantenía en otro elemento de la misma frase nominal, y aun en los casos restantes, era casi siempre posible recuperar la pluralidad semántica por los contextos pragmáticos. Igualmente, las cifras entre paréntesis para la pérdida de /s/ en las formas de la segunda persona singular de los verbos indican los casos en que aparecía el pronombre *tú* (que se utiliza con gran frecuencia en el español guineano). En los sintagmas *todos los* y *todas las*, la pérdida de la primera /s/ imita los dialectos peninsulares, en que ocurre el mismo fenómeno.

Cuadro 6. Tasas de elision de /s/ final de palabra en Malabo.

/s/## (final de frase):	
-mos	15.6%
2ª persona singular	1.6% (0.0%)
plural, redundante	3.8%
plural, distintivo	15.1% (3.4%)
/s/ léxica	8.8%
/s/#C (final de palabra ante consonante):	
-mos	28.4%
2ª persona singular	5.4% (0.0%)
plural redundante	16.2%
plural distintivo	13.2% (1.3%)
todos los/todas las	93.3%
/s/ léxica	11.1%
/s/#V (final de palabra ante vocal):	
-mos	10.3%
2ª persona singular	0.0%
plural, redundante	3.2%
plural, distintivo	8.0% (4.6%)
/s/ léxica	9.7%

El comportamiento de /s/ en Malabo refleja la base dialectal de Cataluña, Levante y Castilla, además de la eliminación de /s/ en casos de redundancia gramatical. Este último caso sin duda tiene que ver con la falta de sufijos gramaticales en las lenguas autóctonas, que utilizan sólo la prefijación como recurso morfológico. Al mismo tiempo, estos datos sirven para dismitificar las teorías africanistas según las cuales el substrato africano en algunas áreas de las Américas forzosamente resultó en la pérdida de la /s/ implosiva, pues la /s/ prácticamente nunca ocurre en posición implosiva en las lenguas indígenas de la Guinea Ecuatorial, y sin embargo se mantiene consistentemente en el español ecuatoguineano.

La /n/ final de palabra, igual que en Castilla y Cataluña/Levante, tiene articulación alveolar, nunca velar. A pasar de que la nasal velar existe en fang, bubi, annobonés y las lenguas playeras en posición final de palabra y entre vocales, no existe ninguna tendencia de velarizar la /n/ final de palabra en el español guineano; al contrario, se prolonga casi exageradamente la articulación alveolar. Ya que la velarización de /n/ en Hispanoamérica no se limita a las zonas que más influencia africana tuvieron, sino que se extiende más o menos regularmente por todas las naciones hispanoamericanas, es probable que éste sea un fenómeno de aparición espontánea en distintos lugares; ha sucedido lo mismo en dialectos de portugués, francés e italiano. Al mismo tiempo, es posible que la presencia de poblaciones de habla africana haya facilitado la extensión de la velarización a contextos prevocálicos, pues el sintagma [VŋV] es ajena a la fonotáctica española, pero es frecuente en muchas lenguas africanas. El Cuadro 7 da algunos datos comparativos, los cuales indican que la velarización de /n/ final de palabra prevocálica (*en agosto*, *bien hecho*) es más frecuente en Hispanoamérica que en España y Canarias, aunque nuestras encuestas indican que la extensión de la velarización a contextos prevocálicos tiene más vigencia entre las generaciones más jóvenes de España.[32]

Finalmente, debemos mencionar la neutralización de /r/ y /r̄/ en el español afroguineano, que refleja la falta de vibrantes múltiples en las lenguas autóctonas. Son pocas las lenguas africanas que cuentan con tal sonido, y la falta de este elemento en las hablas afrohispánicas de épocas anteriores no tiene que atribuirse a la influencia de una sola lengua africana, sino a la intersección de una variedad de bases lingüísticas que bien puede haber incluido al postulado portugués acriollado.

Cuadro 7. Realización de /n/ final de palabra en España e Hispanoamérica.

	/n/##			/n/#V		
	[n]	[ŋ]	[Ṽ]	[n]	[ŋ]	[Ṽ]
Barcelona	98	0	2	99	0	1
Cáceres	0	65	35	21	51	28
Granada	0	77	23	48	35	17
Madrid	98	0	2	97	0	3
Murcia	81	0	19	85	0	15
Sevilla	2	42	56	40	38	22
Las Palmas	18	49	33	54	34	12
Cuba	8	54	38	3	59	38
Panamá	1	88	11	5	80	15
Puerto Rico	22	69	9	8	79	13
Rep. Dominicana	4	74	22	7	80	13
Venezuela	1	86	13	13	72	15

La comparación de los datos ecuatoguineanos y caribeños permite una perspectiva ampliada sobre la evolución fonética del español americano, pues sugiere algunas vías de exploración con el fin de desenredar las múltiples influencias que han contribuido a la formación de los dialectos hispanoamericanos. Los datos que se acaban de presentar no son suficientes para establecer conclusiones definitivas, pero dan algunas indicaciones para la separación de la base dialectal peninsular, la influencia directa de determinadas lenguas africanas, y las condiciones sociolingüísticas que imperaban en las comunidades africanas en Hispanoamérica y en Guinea Ecuatorial.

Notas

1. Alleyne (1971), Mintz (1971), Reinecke (1938), Gregersen (1977:135-37), Otheguy (1975), Zavala (1967:19), Granda (1978).

2. Existe por supuesto el dialecto de Palenque de San Basilio, Colombia, descrito por Escalante (1954), Bickerton y Escalante (1970). En Panamá, existe el dialecto 'congo,' modalidad lingüística empleada en época de carnaval: Lipski (1985), Zárate (1962), Franceschi (1960), Drolet (1980), Joly (1981). Para la costa norte del Ecuador, véase Estupiñán Tello (1967), y para la región septentrional de la República Dominicana, Megenney (1982) y González y Benavides (1982).

3. Alvarez Nazario (1974), Otheguy (1975), Granda (1978), López Morales (1971: 107-13; 1980b), Ortiz (1916).

4. Naro (1978), López-Morales (1971:107-13; 1980b).

5. Otheguy (1975), Alvarez Nazario (1974:223-27), Cuervo (1927-25).

6. Granda (1978), Naro (1978).

7. Chasca (1946), Weber de Kurlat (1962), Granda (1968), Castellano (1961).

8. Bickerton y Escalante (1970), Escalante (1954).

9. Zárate (1962), Franceschi (1960), Drolet (1980), Joly (1981), Lipski (1985).

10. Para la República Dominicana, González y Benavides (1982).

11. Granda (1977), Montes Giraldo (1974).

12. Canfield (1981).

13. Otheguy (1975).

14. Lipski (1983).

15. Menéndez Pidal (1962); para una interpretación contraria, Granda (1978:208-10).

16. Para los datos lingüísticos sobre el español de Malabo, véanse Lipski (1984a; 1984b).

17. Las obras fundamentales para proporcionar datos generales son: Liniger-Goumaz (1979), Pélissier (1964), Nosti-Nava (1969), Baguena

Corella (1950), Pujadas (1969), Unzueta y Yuste (1947), Zamora Loboch (1962).

18. Castillo Barril (1969), González Echegaray (1959).

19. Las principales fuentes de información sobre las lenguas autóctonas ecuatoguineas son las siguientes. Para el annobonés: Barrena (1957), Vila (1891). Para el bubi: Pereda (1921), Tessman (1923). Para el bujeba: González Echegaray (1958). Para el bemba: Salvadó y Cos (1891). Para el fang: Ndongo Esono (1956), Tessman (1913). Para el combe: Fernández (1951). Para el benga: Pérez y Sorinas (1928). General, Guthrie (1953: 24-27, 40-44).

20. Castillo Barril (1969), González Echegaray (1959).

21. Todd (1974), Bickerton (1977), Ferguson y De Bose (1977), Meier y Muysken (1977).

22. Fernando Poo fue descubierta por los portugueses en 1469-71; pasó a manos españolas en 1778, pero la colonización no empezó hasta 1858. Al comienzo del siglo XIX, el gobierno inglés estableció una base de vanguardia para la lucha anti-esclavista. Río Muni pasó definitivamente a formar parte del imperio español en 1900, después de haberse ajustado varias reivindicaciones fronterizas con Francia.

23. González Echegaray (1959:25). Para algunos ejemplos literarios, véanse Manfredi (1957), Soler (1957).

24. Welmers (1973:51-52) nota la falta general de fricativas sonoras en las lenguas bantúes.

25. Gonzáles Echegaray (1959:116).

26. González Echegaray (1959:18).

27. Granda (1978), Naro (1978). Los datos sobre /l/ y /r/ fueron recogidos por el autor, en los varios países. Los datos hispanoamericanos aparecen en Lipski (c). Los datos españoles y canarios fueron recogidos en 1983, como parte de una investigación lingüística patrocinada por una beca Fulbright. En cada caso, fueron entrevistados unos 10 individuos de la clase media, y la duración promedia de cada entrevista era de unos 30 minutos. Las mismas encuestas proporcionaban los datos sobre el comportamiento de /s/ y /n/, que aparecen a continuación.

28. Chasca (1946), Granda (1968), Weber de Kurlat (1962), Castellano (1961).

29. Wilson (1962), Morais Barbosa (1975), Nogueira Batalha (1958), Mendonça (1933), Dalgado (1900a, b; 1903, 1906), Valkhoff (1966), Thompson (1959), Scantamburlo (1981), Ramos (1937), entre otros.

30. Véanse Terrell (1977a, b; 1979). Los datos hispanoamericanos aparecen en Lipski (1983, 1984b), donde se explica su recolección. La procedencia de los datos españoles y canarios aparece en la nota 27.

31. Castillo Barril (1969).

32. Los datos hispanoamericanos figuran en Lipski (1983; in press a, c); la procedencia de los datos españoles y canarios aparece en la nota 27.

Bilingüismo y actitudes lingüísticas en Puerto Rico: Breve reseña bibliográfica

Humberto López Morales
Universidad de Puerto Rico
Recinto de Río Piedras

1. Los estudios sobre el bilingüismo han recorrido ya un largo camino: la psicolingüística de la adquisición, la neurolingüística, la lingüística aplicada, la sociolingüística, la sociología del lenguaje y las gramáticas en contacto, entre otras disciplinas lingüísticas y también extralingúísticas, han abordado el bilingüísmo desde múltiples posiciones.

En lingüística, el examen de las actitudes es asunto más reciente, pero no por ello poco trabajado, como demuestran los recuentos y los volúmenes colectivos de Williams (1973), Shuy y Fasold (1973), Cooper (1974, 1976).

Lo que no deja de sorprender un tanto es que hasta la fecha sean tan escasas las investigaciones de actitud con respecto al bilingüismo, sobre todo en el mundo hispánico, si consideramos la notable importancia de las actitudes en la adquisición de segundas lenguas, y consecuentemente en el proceso hacia el bilingüismo. Al margen de Puerto Rico, sobre el que hablaré más detenidamente, sólo conozco el trabajo de Wölck (1973) para el Perú y el de Alvar (1981) para Guatemala, donde se estudian las actitudes hacia el español y las lenguas indígenas respectivas de los hablantes bilingües; también los de Rojo (1979) y Mauro (1984) para Galicia, en cierta medida complementarios, pues uno analiza las actitudes hacia el gallego de los maestros de la escuela primaria (E.G.B.) y el otro, la de los alumnos.

En Puerto Rico la cosecha es algo más abundante: Díaz Padilla (1971), Príncipe (1973) y Lladó Berríos (1978) han estudiado las actitudes hacia el inglés como segunda lengua, Muñoz (1973) y Alvar (1982) hacia el inglés y el español, López Morales (1980a) hacia el español, el inglés y el bilingüismo, López Laguerre (1983) hacia el bilingüismo, y un estudio de la Universidad Interamericana y del Instituto Nacional de Educación (1981) analiza también, entre otras cosas, las actitudes hacia el inglés y el español en los maestros de Puerto Rico.

Se explica que tanto psicólogos como educadores como lingüistas se hayan interesado por medir estas actitudes en Puerto Rico, dado que el tema del bilingüismo sigue siendo de candente interés, y se discute con mucho apasionamiento—desmedido en demasiados casos—debido a las implicaciones políticas y culturales que el mismo conlleva, y al telón de fondo que la historia reciente ha elaborado.

En más de una ocasión se ha dicho, hablando de la transculturación en la isla, que el modelo de vida norteamericano, con sus virtudes y sus conveniencias materiales, deslumbró de tal modo a los puertorriqueños, que de inmediato abrazaron los esquemas culturales del núcleo dominante, relegando los suyos propios a posiciones secundarias. Tal desplazamiento trajo múltiples consecuencias como supone la sumisión de toda una comunidad a un nuevo orden de valores. Se suponía también que los estamentos más privilegiados iban a la cabeza de la asimilación cultural, pues tenían más rápido acceso a las fuentes originales, pero que la imitación pronto hizo que se propagaran los nuevos hábitos al resto de la sociedad.

En cuanto al plano lingüístico, se hizo palpable el afán por adquirir la lengua de estatus, con el consiguiente deterioro de la materna que empezó a sufrir todo tipo de interferencias y empobrecimientos, aun en los casos en que el inglés no llegó a ser incorporado. Consecuentemente con todo este estado de cosas la política educativa del país trazó su meta hacia la consecución del bilingüismo.

Cuando se pasa revista rápida—como en este caso—a las voces de este concierto de historiadores, sociólogos, antropólogos y algún lingüista convertido provisionalmente en un poco de todo esto, nos preguntamos a través de qué misteriosa metodología analítica se ha podido descubrir la existencia y sobre todo el alcance de la transculturación en Puerto Rico, pues la mayoría de estas conclusiones han sido sacadas de investigaciones librescas, de interpretaciones de datos no siempre fiables, aderezados con altas dosis de imaginación y emotividad. La realidad es que todavía estamos por saber lo que ha pasado y está pasando en Puerto Rico a este respecto, pero el hecho real y objetivo que representa el fracaso del bilingüismo, tras 84 años de muy diverso tipo de contacto, nos hace dudar de la proclamada asimilación espontánea y feliz. ¿O es que la lengua ha sido una excepción? Es decir, que Puerto Rico ha aprendido a celebrar jubilosamente el día de Thanksgiving, a encargar sus regalos navideños a Santa Claus y a jugar al baseball, pero no—más allá de los núcleos intelectuales del país—a dominar el inglés como segunda lengua. Las dudas que todo esto produce son acuciantes y sirven de base para estudios varios, entre ellos, los de actitudes.

¿Cuáles son en realidad esas actitudes del puertorriqueño hacia el bilingüismo? ¿Qué creencias las motivan? ¿Qué factores—demográficos o de cualquier índole—las impulsan? Trataré de dar algunas respuestas a estas interrogantes, apoyado en los trabajos de López Morales y de López Laguerre, principalmente.

2. Una de las preocupaciones que primero asaltan al investigador en el caso de Puerto Rico es la posible relación asociativa entre determinado tipo de comunidad—la metropolitana, por ejemplo—y determinado estrato socioeconómico de los sujetos con determinado tipo de actitud. Una investigacion monográfica, aunque experimental (López Morales 1980a), demostró que sí. Veamos.

Con la ayuda de un instrumento compuesto por una cinta estímulo y unas escalas bipolares que seguían la técnica del diferencial semántico, se midieron las actitudes hacia el inglés, el español y el bilingüismo en una muestra aleatoria, representativa de la zona metropolitana de San Juan. La cinta estímulo estaba integrada por 8 exposiciones sobre tema libre de alrededor de un minuto de duración; en realidad se trataba de 6 voces, la de un hablante monolingüe español y la de otro inglés, y las de 4 hablantes bilingües: dos de ellas hablaban separadamente inglés y español en diferentes sitios de la cinta, como si se tratara de sujetos diferentes, con el fin de controlar el factor 'calidad de la voz', y otros dos que no sólo confesaban ser bilingües sino que hacían sus exposiciones en ambas lenguas.

De entre los 60 adjetivos bipolares suministrados por Díaz-Guerrero y Salas (1975) se seleccionaron 8, escogidos en base a los análisis factoriales ya realizados. Aunque en muchas investigaciones de actitudes (Snyder y Osgood 1969) sólo se trabaja con el factor evaluativo, Heise (1970), entre otros, han demostrado la conveniencia de manejar también factores de potencia y de actividad, por lo que la escala quedó integrada por representantes de los tres factores. La muestra utilizada se post-estratificó atendiendo a tres parámetros de base: escolaridad, profesión e ingresos, cada uno de ellos ponderado socialmente a través de unas constantes; la sumatoria paramétrica salida de aquí produjo un perfil socioeconómico que fue convertido en cuatro unidades discretas, cada una de ellas representante de un estrato socioeconómico de la comunidad estudiada.

Una vez completada la etapa estadística del trabajo se comprobó que la actitud más positiva hacia el inglés la mantuvo el nivel socioeconómico más alto del espectro, con un 70.6%, aunque seguida de cerca por el más bajo, con un 68.9%. Los niveles intermedios mostraban una actitud menos entusiasta hacia el inglés, pero con todo, positiva. Este patrón sufre un cambio inesperado con respecto a las actitudes hacia el bilingüismo, puesto que aquí es el nivel más bajo el que presenta mayor índice de actitud positiva—71%—si bien es verdad que a muy corta distancia le seguía el primer estrato (69.4%). De nuevo son los niveles intermedios los más refractarios.

Como era de esperar, estos índices inciden directamente sobre las actitudes hacia el español, siendo los estratos medios, el segundo y el tercero respectivamente, los únicos en que las cifras para la lengua materna sobrepasan las del inglés y las del bilingüismo: 68.7, 64.1, 60.5 en el caso del segundo nivel y 56.1, 55.3, 53.1 en el tercero. Son, pues, los extremos del espectro socioeconómico de San Juan los que favorecen más decididamente tanto el inglés *per se* como el bilingüismo, mientras que los estratos intermedios, aunque no muestran actitud negativa hacia estos, favorecen con especial relieve la lengua materna.

Aunque los datos arrojados por Alvar (1982) no son enteramente comparables, sus conclusiones parecerían dejar en claro que semejante distribución de actitudes no corresponde a la competencia real que esa comunidad de habla tiene del inglés. El 13.3% de su muestra desconoce totalmente esa lengua y el 23.6% confiesa tener poco o muy poco conocimiento de la misma. El grueso de estos totales corresponden al nivel socioeconómico más bajo, pero por otra parte, no faltan ingenieros, químicos, secretarias, maestras y hasta estudiantes universitarios, algunos de los cuales tendrían que ser colocados en los niveles más altos del espectro, que engrosan el cómputo de quienes confiesan ignorancia total o conocimiento muy deficiente. ¿A qué obedece este hiato entre actitudes positivas hacia el inglés y el bilingüismo y adquisición deficiente, si alguna, de esta segunda lengua en el nivel socioeconómico más bajo del espectro? Ausencia de escolaridad no es, pues todos los sujetos de esa muestra habían sido escolarizados, al menos hasta entrada la escuela secundaria. ¿Deficiencias—quizás—del sistema educativo?

3. Pero todavía tenemos sin respuesta una buena parte de las preguntas que tan complejo panorama nos invita a hacer. Es verdad que Alvar arroja luz sobre un aspecto de la cuestión, el binomio identidad cultural-valores espirituales versus utilitarismo-conveniencias prácticas, pero eso es sólo un lado del asunto.

López Laguerre se encamina al estudio de las actitudes hacia el bilingüismo con su meta centrada en los maestros de la escuela secundaria. Trabaja con una escala tipo Lickert, lo que le permite hacer un estudio más a fondo de las creencias pilares motivadoras de la actitud. Uno de sus aciertos fundamentales fue recorrer con penoso detenimiento docenas de textos muy popularizados en libros, conferencias, foros y en la prensa del país donde se trataba del tema del bilingüismo en Puerto Rico, y a base de las opiniones que allí aparecían construir parte de las aseveraciones que irían a formar su escala. También utilizó como material básico las afirmaciones vertidas por escrito por un grupo de maestros que fueron consultados especialmente. No obstante, mientras que las afirmaciones del primer grupo contenían todo tipo de consideraciones, el grupo de los maestros no produjo aseveraciones relacionadas con asuntos lingüísticos, sino más bien con la situación política y el sistema educativo.

Tres diferentes dimensiones de opinión pudieron establecerse entre el conjunto de aseveraciones antologizadas: (a) los efectos del bilingüismo en la vida colectiva puertorriqueña (cuestiones políticas, sociales y económicas que podían afectarse bajo una condición bilingüe), (b) los efectos en el programa educativo (implicaciones psicológicas de la enseñanza bilingüe y percepción del programa educativo de Puerto Rico) y (c) efectos lingüísticos (estado del español en la isla, su posible desplazamiento, influencia del inglés sobre el español y competencia lingüística del bilingüe).

Ejemplos de asveraciones correspondientes a (a) son:

(14) El puertorriqueño debe ser bilingüe si quiere tener buenas oportunidades de trabajo tanto en Puerto Rico como en el exterior.

(17) El bilingüismo es una estrategia políticia para asimilar a Puerto Rico y destruir su cultura y su lengua.

Con respecto a (b), las implicaciones educativas quedaron representadas por puntos como estos:

(20) Es peligroso exponer a un niño al aprendizaje de una segunda lengua desde que entra en kindergarten.

(28) La sobrecarga académica que conlleva un programa bilingüe afecta la salud mental del educado.

Y, por último, el factor (c), relativo a efectos lingüísticos:

(3) Parte del deterioro que sufre hoy el español en Puerto Rico es causado por la convivencia con el inglés.

(21) Se ha probado la fortaleza del español en Puerto Rico por lo que no hay que temer a la enseñanza del inglés.

La escala inicial quedó compuesta de 50 aseveraciones pertenecientes a los factores (a), (b), (c), construídas según las técnicas de construcción de escalas de actitud propuestas por Edwards (1967). El instrumento fue depurado a través de varias pre-pruebas y la escala final quedó constituida por 42 enunciados, cada uno de ellos con cinco posibilidades de respuesta, desde 'completamente de acuerdo' hasta 'completamente en desacuerdo', con puntuaciones de 1 a 5.

Una vez transformada la puntuación bruta a la escala T, se produjeron tres categorías basadas en la distribución normal que permitió establecer los puntos de corte en actitud negativa (29-39), neutra (40-60) y positiva (61-80). Varios programas paramétricos y no paramétricos examinaron cada una de las hipótesis iniciales, relación entre el tipo de actitud y el sexo de los maestros, la edad, su preparación académica, los años de experiencia en el magisterio, el tipo de asignatura que enseña, el tipo de nombramiento que posee, el haber viajado a los Estados Unidos, el tiempo vivido en los Estados Unidos, el propósito de la estancia allí, el tipo de escuela primaria, secundaria y universidad donde se cursaron los estudios, el lugar donde estaban enclavadas esas escuelas, país en el se realizaron los estudios universitarios, dominio del inglés y del español en cada una de las destrezas básicas de la comunicación, la lengua materna de los maestros, su bilingüismo y otras más.

De estos factores, sin embargo, no todos son igualmente elocuentes. Entre los más significativos está la edad de los maestros: los mayores de 41 años son los que manifiestan la actitud más positiva, seguidos de cerca por el grupo más joven, de entre 22 y 25 años; los grupos intermedios manifiestan una actitud negativa, lo que adquiere un significado particular teniendo en cuenta que estos constituyen la mayoría de la población docente de Puerto Rico.

El tipo de universidad—pública o privada—donde se cursaron los estudios es también una variable importante; de los que estudiaron en universidades públicas, el 19.3% refleja actitudes negativas; los que lo hicieron en centros privados, el 7.7%, y a la inversa, la actitud positiva sube de 13.1% a 24.6% al pasar de las instituciones públicas a las privadas.

En cuanto a años de experiencia los cómputos demostraron que las actitudes más positivas pertenecían a los maestros que llevaban más de 15 años en el ejercicio de la profesión, lo que ciertamente duplica los datos conseguidos por el factor edad.

Pero de los factores demográficos analizados, ninguno fue tan significativo como la asignatura enseñada. Mientras los maestros de inglés presentan la actitud más homogéneamente positiva, los de español, por el contrario, muestran una actitud muy negativa hacia el bilingüismo. Es decir, las actitudes positivas suben al 30% en los maestros de inglés y bajan al 10% en los de español. Es muy posible que cierta actitud de defensa hacia la lengua que se enseña junto a uno mayor capacidad para detectar los préstamos y las interferencias inglesas en el español de la isla sean las razones que motivan tan subrayada actitud negativa.

Otros factores, ajenos a los demográficos, también influyen muy considerablemente: el número de años vividos en los Estados Unidos (los de 10 años o más fueron los más altos en la escala en cuanto a actitud positiva), el motivo de su estancia (la realización de estudios obtuvo el promedio más alto de puntuaciones, a pesar de tratarse de una población muy heterogénea; las actitudes más negativas corresponden al grupo que fue al servicio militar), el haber hecho sus estudios secundarios y los universitarios en los Estados Unidos (ninguno de los que estudiaron allí mostró actitud negativa).

Con respecto a las destrezas básicas de la comunicación en inglés, es evidente que existe una relación asociativa fuerte entre grado de competencia y actitud hacia el bilingüismo. Es cierto que la competencia no fue medida directamente sino mediante auto-evaluación, lo que bien pudiera añadir un factor de subjetividad, pero el hecho de que otra investigación, llevada a cabo por la Universidad Interamericana (1981) con una muestra diferente, coincidiera en lo esencial con los resultados de López Laguerre (1983) parece restar importancia a esta deficiencia metodológica. En efecto, en ambos casos los maestros indican que sus deficiencias en el inglés son, primero, en la expresión oral, después en la escritura, en entender y en la lectura. Los resultados del instrumento diagnóstico empleado en la investigación de la Universidad Interamericana (1981) coincidieron con esta apreciación de los maestros, aunque también subrayaron la existencia de cierta sobre-estimación en el dominio de las destrezas. Una de las conclusiones de aquel estudio indica que

> . . . aunque parece existir una relación entre el pobre desempeño en los exámenes de competencia lingüística en inglés y las actitudes ambivalentes hacia la enseñanza y aprendizaje del mismo, no se ha determinado si esas actitudes afectan el nivel de competencia lingüística o si, por el contrario, es la falta de competencia la que afecta las actitudes (López Laguerre 1983:281).

Dos creencias importantes entraron también a formar parte de las variables de la investigación: (1) si el sujeto se consideraba bilingüe, y (2) si creía que Puerto Rico era un país bilingüe, y además una preferencia con respecto al programa educativo preferido para la enseñanza del español y el inglés: (a) todo en español, (b) todo en español y el inglés como asignatura voluntaria, (c) todo en español y el inglés como asignatura obligatoria, (d) el español y el inglés alternadamente, (e) todo en inglés y el español como asignatura voluntaria, y (f) todo en inglés y el español como asignatura obligatoria.

El 24.6% de los maestros se autodenominaron bilingües y un porcentaje muy paralelo de los mismos (24%) creía que Puerto Rico era bilingüe; ambos factores incidieron definitivamente en los índices de actitud positiva.

Por otro lado, de los 19 maestros de la muestra que señalaron que todo debe enseñarse en español, 11 tienen una actitud negativa y 8 neutrales; ninguno positiva. El 38.9% señala que el plan educativo debe ser 'todo en español y el inglés como asignatura obligatoria', y el 34.3% indicó 'todo en español y el inglés como asignatura voluntaria.' Es curioso observar que el 35.6% de los maestros que aceptan que se enseñe el inglés como asignatura voluntaria, tienen una actitud negativa, mientras que entre los que la prefieren obligatoria, sólo el 5.9% mantienen esa actitud.

Tras revisar todas las cifras de este apartado, se puede concluir que los maestros de Puerto Rico no rechazan la enseñanza del inglés, aunque no lo aceptan como medio de instrucción. La aseveración no. 29 de la escala, que dice: 'Debe promulgarse la enseñanza en inglés de alguna materia (una asignatura) si es que se quiere mejorar la calidad del inglés', obtuvo un 24% de aprobación. Tampoco aceptan la enseñanza bilingüe en el verdadero sentido de la palabra, que sería la enseñanza alternada, pues sólo un 20% de los maestros estuvo de acuerdo con esa posibilidad.

López Laguerre (1983:281) afirma que:

> En muchos enunciados de la escala, el maestro reconoce la importancia del aprendizaje del inglés por razones utilitarias y pragmáticas, tales como la necesidad de encontrar trabajo, para obtener una mejor educación, para desenvolverse fuera de la Isla, etc., pues reconocen que el inglés es un idioma internacional (item 37). Pero los resultados parecen indicar que los maestros no ven al inglés como un instrumento integrador de la cultura, sino más bien como un instrumento utilitario.

Es evidente: en dos terceras partes de los maestros prevalece una actitud neutra; sólo un 22.7% está de acuerdo en aceptar que se intensifique la enseñanza del inglés en el programa escolar (actualmente es una asignatura obligatoria); de éstos, un exiguo 2.5% antepone el inglés al español.

4. No parece caber serias dudas sobre la existencia de una paradoja. Por una parte, la comunidad en general—al menos en la zona metropolitana de San Juan—mantiene una actitud positiva hacia el inglés y el bilingüismo, cierto que por razones eminentemente prácticas, aunque mucho más intensa en los estratos más extremos del espectro socioeconómico. Pero por otro lado, una parte de la población docente del país, la de las escuelas públicas de segunda enseñanza, mantienen, en general, actitudes neutras, y no aprueba ir más allá de la situación escolar actual, cuyo fracaso para lograr una situación bilingüe es tan evidente.

Y se seguirá fracasando si, al margen de otras consideraciones importantes, no se intenta cambiar las actitudes de los enseñantes y de los enseñados.

Interference and markedness as causative factors in foreign accent

Marguerite G. MacDonald
Wright State University

This study attempts to determine the roles of phonological interference and markedness in the acquisition of second language phonology. The English of second generation Cuban-Americans living in Miami provides the data examined here.

Selinker (1972) suggests that the second language learner develops a separate linguistic system, which he terms 'interlanguage'. In this system, some linguistic forms can become fossilized:

> Fossilizable linguistic phenomena are linguistic items, rules, and subsystems which speakers of a particular [NATIVE LANGUAGE] (NL) will tend to keep in their [INTERLANGUAGE] (IL) relative to a particular [TARGET LANGUAGE] (TL) no matter what the age of the learner or amount of explanation and instruction he receives in the TL . . . (Selinker 1972:215).

If the bilingual community is isolated from the monolingual norm, then these fossilized forms eventually become part of the bilingual norm, the variety of English acquired by future generations.[1]

Although Selinker (1972) and others have discussed fossilization primarily in relation to adult language acquisition, Selinker, Swain, and Dumas (1975:140) claim that 'the IL hypothesis can be extended to child-language acquisition settings, when the second language acquisition is *non-simultaneous,* and also when it occurs *in the absence of native speaking peers.*' In these instances, as in adult language acquisition, the interlanguage may also become fossilized. Thus, the second generation can reinforce the existence of fossilized forms, both by continuing fossilization and by acquiring the fossilized language of the first generation.

There is, however, some debate as to the source of these fossilized forms. Not all variation in the speech of the individual acquiring a second language, nor that found in the language of the bilingual community, can be attributed to the ancestral language.[2]

Selinker (1972) suggests that variation in the interlanguage is the result not only of language transfer but also transfer-of-training, strategies of second language learning, strategies of second language communication, and overgeneralization of TL linguistic material. He also cites less central factors contributing to interlanguage variation, including spelling pronunciations, cognate pronunciations, holophrase learning, and hypercorrection.

Similarly, Corder points out that native language transfer is not the only source of second language variation. Corder (1967:164-65) claims that 'some at least of the STRATEGIES adopted by the learner of a second language are substantially the same as those by which a first language is acquired.'

Dulay and Burt (1973) and others propose a hierarchy for the second language acquisition of English morphemes, independent of first language influence.[3] Though not identical to the order found in studies on first language acquisition and difficulty, this second language hierarchy is similar.[4]

Like Corder (1967), Dulay and Burt (1972) believe that variation in the second language can be attributed to processes similar to those found in first language development. However, Dulay and Burt go further, arguing that variation appearing to result from language transfer can instead be attributed to developmental language processes.

In another study, Gass and Ard (1980) claim that there is a hierarchy of difficulty for relative clauses in the English of second language speakers, which is related to the universality of these clauses.

Finally, Zobl (1980) suggests that language transfer depends on the cooccurrence of the transferred form in the developmental language. He proposes that those forms in the first language which are also found in the developmental language of the second language learner would be the forms most likely to become fossilized. Zobl (1980:470-71) offers the following three theses:

1. Structural properties of the L2 [SECOND LANGUAGE] which give rise to developmental errors may also activate influence from the learner's L1 [FIRST LANGUAGE] when a L1 structure is compatible with the developmental error.

2. General language acquisition principles promote transfer when an L1 structure more closely conforms to the linguistic parameters of the developmental acquisition principle than the L2 structure to be acquired.

3. Although there is a crucial degree of overlap between developmental and transfer errors with respect to the factors involved in their genesis, transfer errors may prolong restructuring of the rule underlying their error. It is hypothesized that this tendency toward fossilization results

from the use of a common rule in a mature linguistic system (the L1) and in a developing linguistic system (the L2 developmental stage the learner has attained).

There is mounting evidence to support the claims that first and second language acquisition are similar processes, that language variation is related to language universals, and that language transfer must be independently reinforced. However, studies investigating the sources of second language variation have been concerned primarily with grammatical structures.[5] Little research has been done on the sources of phonological variation. It has generally been assumed that this type of variation resulted from first language transfer.[6]

Nevertheless, Duncan (1983) finds a relationship between phonological variation in the English of children from several ethnic groups, including Cuban-Americans, and the acquisition of first-language phonological segments. She notes that the sounds causing the greatest difficulty for her subjects are those that Menyuk (1971) describes as being acquired late in first language acquisition.

One limitation of Duncan's (1983) study is the highly structured elicitation method, requiring subjects to repeat words and phrases. The accuracy of phonological production was judged using a very limited corpus of data for each child. Further, by requiring repetition, the study introduces other variables.[7] Finally, although Duncan's (1983) study includes first-, third-, and fifth-grade children, it does not establish which, if any, of the segments would become fossilized in the mature speech of the members of the bilingual communities.

The present study was designed to examine Cuban-American English phonological variation in a more natural language setting, through the use of informal interviews, than was utilized in Duncan (1983). By using second-generation speakers who had reached young adulthood, this study attempts to determine the nature and degree of fossilization resulting from second language acquisition and exposure to the Cuban-American community norms.

Because of its large and concentrated Cuban-American population and the subsequent predominance of Cuban rather than other Hispanic cultural and linguistic behavior, the Miami area of South Florida was selected as the research site for this study. Of the Hispanic neighborhoods in that area, the Little Havana section of Miami was found to be the most concentrated community of Cuban-origin population.[8] The city of Miami planner for Little Havana estimated in 1984 that 92% of the area was Hispanic, 90% being of Cuban origin.

As a result of this concentrated Hispanic population, Spanish was the dominant language of the Little Havana community. A 1980 study by Levitán of Hispanic neighborhoods in the Miami area found that, in self-evaluations, 40% of the Hispanic residents in Little Havana considered their spoken English to be poor or nonexistent.[9] Only 1.6% of the parents preferred to use English with their children, while among themselves 46% of the children spoke mainly Spanish.[10] This then was an area in which a stable Hispanic variety of English most likely would develop.

The present study was based on 11½ hours of recorded informal conversation with 33 Cuban-American seniors at Miami Senior High School.[11] Located in the Little Havana area, Miami Senior High has a 90% Hispanic student population.

For the subjects of the present study, Spanish was the dominant language in the home. A mixture of Spanish and English was used at school and with friends, while only in stores was English the principal language of communication for the majority of the subjects.

Of the 33 subjects, 12 were born in the United States, while 7 arrived by age four, and 14 between the ages of five and ten. All but two subjects had spent the majority of their childhood in Little Havana. There were 17 males and 16 females, representative of the three levels of English courses for native English speakers at Miami Senior High.

All informants were bilingual, fluent in both Spanish and English. Seven of the subjects considered themselves to be more proficient in Spanish, while the remainder felt that English was their stronger language. Nineteen claimed to use English most often, seven felt they used the two languages equally, and seven stated that they spoke Spanish more frequently than English.

The English of the Cuban-American subjects in the study showed considerable diversity from speaker to speaker. Most variation was sporadic, encountered only in the speech of a few subjects and then in minute percentages. Yet all subjects displayed phonological variation to some degree.[12] Several variants were more prevalent, reoccurring in the speech of a larger number of subjects, with a degree of systematic frequency for some of these subjects. These variants, listed in Table 1, are the segments to be considered here.[13]

Table 1. Phonological variation in Cuban-American English.

Phoneme	Most common variation	Group mean variation (%, 33 subjects)	No. of subjects with variation
/ᵗʃ/	[ʃ] ~ [ᵗʃ]	15.42	18
/ᵈʒ/	[j] ~ [ᵈʒ]	9.47	14
/ʌ/	[a] ~ [ɑ] ~ [o] ~ [ɔ]	5.73	14
/ð/	[d] ~ [ᵈð]	3.10	25
/θ/	[t] ~ [ᵗθ] ~ [s]	1.59	9
/ʃ/	[tʃ] ~ [ᵗʃ]	1.33	9

The variation in Table 1 appears to reflect Cuban Spanish influence. The first three consonant substitutions show a phonetic alternation of segments which contrast phonemically in English but which are allophonic variants in Spanish.

The phonetic alternation between the voiceless palatoalveolar affricate and fricative, [tʃ] and [ʃ], is found in some dialects of Spanish, including Miami-Cuban Spanish. Hammond (1976b:144) reported a 27.1% frequency of occurrence of the fricative [ʃ] in his study of rapid speech phenomena in Miami-Cuban Spanish. The phonetic distribution of [tʃ] and [ʃ] is still uncertain.

The second phoneme in Table 1, the voiced palatoalveolar affricate, /dʒ/, alternates with its glide counterpart, /j/. These segments also alternate phonetically in Cuban Spanish. Unlike the case of [tʃ] and [ʃ], research has been done to establish the environments for this alternation. Saciuk (1980) empirically showed that for his Miami-Cuban subjects, /j/ was realized as [dʒ] or a similar segment with closure in 16% of all occurrences. In phrase-initial position, noncontinuants accounted for 61.2% of the variants while in word-initial, postconsonantal position there was a 25% frequency of [dʒ] or similar variants. In contrast, complete closure of the segment occurred in only 3% of the word-initial variants following a vowel, and in only 1.5% of the postvocalic variants within a word.

The third consonant alternation also involves continuancy. In numerous dialects of Spanish, including Cuban Spanish, voiced obstruent stops are in complementary distribution with their corresponding fricative variants. When following a continuant segment other than /l/, /d/ is frequently realized as a voiced dental fricative, [ð], in these dialects.[14]

The realizations in Table 1 also illustrate two examples of segment replacement to conform to an acceptable Spanish phonological inventory. The voiceless alveolar stop, [t], and the voiceless alveolar fricative, [s], replace [θ], the voiceless interdental fricative. Unlike Peninsular Spanish, American Spanish lacks phonemic /θ/. When speaking English, Spanish speakers realize this segment as either the closest stop, [t], or strident, [s], counterpart.

Likewise, the mid-central vowel, /ʌ/, does not occur in Spanish. Spanish speakers pronounce this vowel as either the low central Spanish vowel, [a], or as one of the phonetic variants of Spanish /o/, i.e. [o] or [ɔ].[15]

The most common variants for /tʃ/ and /dʒ/ in the English of the Cuban-American subjects involved loss of closure, whereas for /ð/, /θ/, and /ʃ/, closure was increased. For /ʌ/, the variants maintained either the height or the unrounded feature of the vowel.

In addition to observing the variation that did occur in the English of the Cuban-American subjects, it is also interesting to note the potential interference from Cuban Spanish that did not occur with a significant degree of frequency. There was little neutralization of /s/ and /z/. Voiced stops were rarely spirantized and voiceless stops were consistently aspirated in the appropriate environments. There was almost no neutralization of high vowels and all vowels were regularly reduced to schwa in unstressed syllables.[16]

The segments in Table 1 share the following characteristics. All are segments which are mastered late, used less frequently, and often mispronounced in the acquisition of English as a first language. They are also relatively less common segments in languages universally.

In comparing data from studies on the mastery, difficulty, and usage of consonant phonemes by young children acquiring English as a first language, Menyuk (1971) points out that similar sequences of acquisition existed for the English phonemes even when these different measures were used. For the three studies, the phonemes were divided into two groups, as shown in Table 2.

Table 2. Rank ordering of usage sounds, mastery of sounds, and accuracy of production (reproduced with permission from Menyuk 1971:76, with phonetic symbols regularized according to IPA usage.).

Irwin's data		Wellman's data		Snow's data	
1	2	3	4	5	6
Greater than adult usage	Less than adult usage	Mastered by 4	Mastered after 4	From 1 to 91 errors	From 100 to 1067 errors
d	j	w	t	n	l
h	s	h	z	p	ŋ
b	ʒ	m	v	m	dʒ
m	ʃ	n	s	b	tʃ
k	θ	b	ʃ	w	ʃ
g	ŋ	f	ʒ	h	s
p	f	p	tʃ	d	v
w	tʃ	d	r	t	r
t	n	k	v	k	z
	z	g	dʒ	j	ð
	ð	l	ŋ	f	θ
	r	j	θ	g	ʒ
			ð		

With one exception, in all three studies the consonant segments listed in Table 1 appear in the second list.[17] These segments were used less, mastered later, and correctly produced by fewer children than the segments appearing in the first column of each study.

However, not all segments shown in columns 2, 4, and 6 of Table 2 varied to the same degree in the English of the Cuban-Americans. There is another factor that unites the consonant variation in Cuban-American English: alternation of continuancy. In an earlier study, Menyuk (1968) found that of six features, continuancy was one of the latest to be mastered in early language development. Just as the segments acquired later exhibited greater variation, those that were contrasted by a feature acquired later were also likely to vary.[18] Thus, there is a relationship between late mastery, low usage, and difficulty in first language acquisition, and variation in the English of the Cuban-Americans.

As Jakobson (1968) points out, the segments acquired later and used less frequently in first language acquisition are also those that are found less frequently in languages universally. They are the segments that are marked for phonological features, that is, that occur less frequently in a given language than do their unmarked counterparts.

Jakobson (1968) and Gamkrelidze (1978) point out that the interdental fricatives /ð/ and θ/ occur infrequently in languages universally. In the marking systems used by both Gamkrelidze (1978) and Chomsky and Halle (1968), these segments are more marked than their alveolar stop or strident counterparts.

Jakobson (1968:53) also proposes that palatals like /ʃ/, /tʃ/, and /dʒ/ presuppose the existence of front consonants, while affricates such as /tʃ/ and /dʒ/ presuppose the presence of fricatives.[19] Fricatives in turn presuppose the existence of stop segments.

The vowel /ʌ/ has likewise been labelled a highly marked segment. Chomsky and Halle (1968:409) consider /ʌ/ to be the most marked vowel in the English system. Crothers (1978) also regards this segment as less universal than other English vowels.

Therefore, the segments that are most likely to show variation in the English of the Cuban-Americans in this study are those that are highly marked universally. They are mastered late in first language acquisition, and vary in a feature also acquired late in first language development.

While all the segments in Table 1 show variation typical of Spanish interference, other types of Spanish interference occurred at lower levels of frequency and in the speech of fewer subjects (see note 16).

Developmental interlanguage and language universals, rather than contrastively based language transfer, enable the prediction that the segments in Table 1 will be the most difficult to master and therefore the most likely to become fossilized. Likewise, developmental language and language universals account for those segments that fail to show this same degree of variation.

As was noted previously, Spanish has phonetic pairs that alternate in continuancy. However, in the English of the Cuban-Americans, the segments in each pair did not exhibit an equal degree of variation or a distribution that paralleled the alternation of these segments in Cuban Spanish. The segments showing greater difficulty, less usage, and later mastery in child language, as well as less universality, exhibited the greater variation, even when these segments were the more common variants in Spanish. Although [tʃ] occurs more frequently than [ʃ] in Cuban Spanish, the English affricate /tʃ/ lost affrication more often than /ʃ/ gained closure, affricates being less universal than fricatives. Likewise, the less universal and later acquired /dʒ/ displayed greater variation than did /j/. Saciuk (1980) found [dʒ] to be the more frequent variant in phrase-initial position; nevertheless, in the present study, this was the English environment in which /dʒ/ lost affrication most often. Finally, although there was some degree of variation for /ð/, there was no comparable variation for its less marked, earlier acquired counterpart, /d/.[20]

Spanish transfer alone, then, does not account for the segments that exhibited variation. This study provides evidence that, as Zobl (1980) claims, developmental language variation is, nevertheless, reinforced by the linguistic system of the first language. Also, as Zobl proposes, it is this reinforced variation that results in fossilization. It further appears that variation in developmental language which results from language universals can likewise become fossilized.

Although the Cuban-American speakers began to acquire English before age 11, to a degree they match the profile in Selinker, Swain, and Dumas (1975) of children who show fossilization in their second language. For the vast majority of the subjects, the acquisition of English came later than Spanish. Further, most of the subjects had little contact with monolingual speakers of English, having interacted mainly with other Cuban-American children who had acquired English under similar circumstances.

It appears, then, that variation in the English of the Cuban-American second generation may not be a direct result of Spanish interference. Such variation may reflect as well a very low-level fossilization of those segments that are universally more marked and that are mastered later in first language development. These are also segments that are used less in the speech of young children and that present more difficulty for those speakers. These segments for the most part exhibit variation in the feature [continuant], which is also mastered late in first language development.

Notes

1. Ma and Herasimchuk (1971:352) point out that:

. . . it has been assumed that members of one speech community automatically have access to the linguistic norms of the other speech community and that they usually attempt to apply these norms. In fact, however, within a larger stable bilingual community like the New York City Puerto Rican community, it is more likely the case that *bilinguals interact and communicate with each other,* using both languages, far more frequently than they interact and communicate with members of the surrounding monolingual community. In such a community, speakers generate their own bilingual norms of correctness which may differ from the monolingual norms, particularly where there is a lack of reinforcement of these monolingual norms . . .

The bilingual norm originates in the language of those individuals acquiring English as a second language. Richards (1972:244) suggests that:

> The evolution of lasting nonstandard varieties of a language by immigrants would appear to be a consequence of the perception of the society by the minority group, and a reflection of the degree to which they have been admitted into the mainstream of the dominant culture.

2. Linguistic studies have traditionally used the term VARIATION to designate the differences between the 'educated monolingual norm' and the variety of language spoken by the community. In contrast, the individual's differences from this norm have been labelled ERRORS, particularly in relation to the process of acquiring a second or foreign language. However, the term 'error' is used to indicate linguistic deviance on the part of the learner. As Corder (1967:165) points out:

> When a two year old child produces an utterance such as 'This mummy chair' we do not normally call this deviant, ill-formed, faulty, incorrect or whatever. We do not regard it as an error in any sense at all, but rather as a normal childlike communication which provides evidence of the state of his linguistic development at that moment.

This statement likewise applies to second language acquisition. Therefore, to avoid this inconsistency in terminology, any forms differing from the monolingual education norm of the community, whether in the speech of the bilingual community or in the individual speaker, will be referred to as variation.

3. See Bailey, Madden, and Krashen (1974), Fathman (1975), and Krashen, Sferlazza, Feldman, and Fathman (1976).

4. Larsen-Freeman (1975), Rosansky (1976), and others raise several objections to the methodology used in the morpheme hierarchy studies for second language acquisition. These objections are addressed by Krashen (1978).

5. For an extended discussion of the role of first language transfer in second language acquisition, see Gass and Selinker (1983).

6. See Richards (1971) and Dulay and Burt (1972), among others.

7. Krashen (1978) claims that those measurements which allow time to focus on the output will yield different results from those which do not.

8. Little Havana is the neighborhood surrounding S.W. 8th Street (Calle Ocho). José Casanova, City of Miami Planner for Little Havana, describes the boundaries as 27th Avenue on the west, N.W. 7th Street on the north, the Miami River and railroad to S.W. 11th Street, then along S.W. 12th Avenue to S.W. 16th Street on the east, and S.W. 16th Street on the south. This is the area for which the demographic figures are given. The Larger Little Havana City-wide Plan encompasses an extended area from 37th Street on the west to 7th Street on the north, I-95 and the Miami River on the east, and Coral Way on the south. Levitán (1980) follows the Larger Little Havana City-Wide Plan boundaries but extends the north

boundary to the East-West Expressway and the south boundary to U.S. Highway 1. However, the population is predominantly Hispanic beyond these boundaries, particularly to the west.

9. Studies have shown that self-evaluations tend to assume a better knowledge of the language than actually exists. Portes, Clark, and López (1981:6) find that the self-evaluations of their Cuban-American subjects in Miami could 'obviously not be confused with actual proficiency.' While only 21% of their subjects rated themselves as having no knowledge of English, even using a lenient grading scale Portes, Clark, and López found that 44% of the subjects fell into the 'no English' category.

10. This is a higher preference for Spanish than found for the subjects of the present study. There are several possible explanations for this discrepancy. One reason may be that as the members of the second generation become older, they also become more dependent on English. Further, the group in the present study was comprised chiefly of U.S.-born and early arrivals; this information was not available for Levitán's (1980) subjects.

11. The boundaries for the Miami Senior High School district coincide with the Larger Little Havana City-wide Plan with the exception of the east boundary, which is 17th Avenue for the school district.

12. The subjects in this study also exhibited other types of phonological variation, including segment deletion. However, the present work is limited to discussion of segment substitution.

13. In Table 1 the raised letters indicate that the segments were weakly articulated. The Group Mean in Table 1 represents the average of the 33 individual percentages of variation for each phoneme. The individual percentages were calculated for each subject by dividing the number of occurrences of variation for the phoneme by the total occurrences of that phoneme.

14. The Spanish variant is a voiced dental fricative and in English, a voiced interdental fricative.

15. This study groups the Spanish low central unrounded vowel, [a], with the English low back rounded vowel, [ɑ], since both have a similar effect in contrast to [ʌ]. Likewise, the mid-back rounded Spanish vowel, [o] and its lower mid-back variant [ɔ], as well as the English lower mid-back rounded vowel, are grouped together.

16. For a more detailed analysis, including additional data, see MacDonald (1985).

17. The segment /dʒ/ is not included for the Irwin study so it is not known where this segment would be placed in that hierarchy.

18. The segment /v/ would also be expected to exhibit variation since it is acquired later and differs from /b/ in continuancy. In Spanish, /b/ is realized as either a voiced bilabial stop [b], or, after continuous segments, as a voiced labial fricative, [β]. Spanish speakers frequently realize English /v/ as these Spanish variants. To a lesser extent this was also the case in this

study. The phoneme /v/ was the next most frequently varying segment after those in Table 1, with a .99% group mean of variation. Six subjects replaced [v] with Spanish variants.

19. Because of the infrequent occurrence of the voiced palatoalveolar fricative, /ʒ/, this segment was excluded from consideration here.

20. Just as with the other consonant alternations, /v/ exhibited a greater degree of variation than did its less marked, earlier mastered counterpart, /b/.

Infinitivo con sujeto expreso en el español de Puerto Rico

Amparo Morales de Walters
Universidad de Puerto Rico

La aparición de sujeto antepuesto en construcciones de infinitivo en el español de ciertas áreas del Caribe es un tema muy debatido en la teoría actual. Construcciones del tipo de (1)-(3) por presentar un sujeto 'léxico' antepuesto con el infinitivo ocasionan dificultades en la formalización del modelo generativo.

(1) pues al *yo casarme* y no tener hijos . . .
(2) cuando me empezaron a dar trabajo para *yo hacer* maquinilla
(3) ellos son tremendos amigos pero a la hora de *nosotros salir*

Efectivamente en este modelo la estructura oracional sin INFL[ection], (o sin AGR[eement] en INFL) como es la situación del infinitivo, carece de posibilidades de asignar caso al sujeto y por lo tanto de que éste, cuando ocupa posición preverbal, llegue a tener realización fonética.[1] La norma gramatical del español establece como únicas posibilidades de aparición de sujeto con infinitivo los usos de sujeto pospuesto en construcciones oracionales con enlaces preposicionales, adverbiales y/o algunos usos contrastivos, exclamativos o imperativos.[2]

Con todo, la anteposición de sujeto es posible en el Caribe, o tal vez, debemos precisar que en el Caribe dichas construcciones han adquirido cierta relevancia porque se dan con más frecuencia que en otras áreas del mundo hispánico. Navarro Tomás (1966:132) documentó el fenómeno en Puerto Rico ya en 1928 y Henríquez Ureña (1975:230) en Santo Domingo, y aunque el infinitivo con sujeto antepuesto ha aparecido en otras zonas hispánicas (Andalucía, Extremadura, Ecuador, etc.) parece ser el español del Caribe el dialecto que ha extendido esta construcción, junto a la redundancia de sujeto pronominal, a mayores contextos y se da con frecuencia de aparición más alta.[3]

Este trabajo quiere auscultar la posibilidad de que la situación de lenguas en contacto que presenta Puerto Rico sea relevante en la consideración del fenómeno. Parte de la hipótesis de que si bien, por un lado, el español de Puerto Rico seguirá los patrones generales del Caribe en las construcciones de infinitivo; por otro, la influencia del inglés podría ocasionar alguna variación en su realización. Todo ello debido, o bien, a la mayor libertad que ofrece el sistema del inglés en cuanto a sus posibilidades de sujeto del infinitivo que los hablantes bilingües puertorriqueños podrían copiar extendiendo los contextos en que pudiera aparecer el sujeto.[4] En ese caso, dichos hablantes podrían inclinarse por las construcciones de infinitivo que ofrecen sujeto diferente entre subordinada y matriz, como en inglés. El ejemplo (3) representaría este caso. O bien, simplemente, debido al rechazo de las estructuras de subjuntivo (modo que alterna con el infinitivo en estas construcciones) les llevaría a preferir cualquier sustituto de este modo, aun sin infringir la norma del español. Este sería el caso del ejemplo (2), donde el hablante tiene la opción, ofrecida por el sistema, de realizar un infinitivo desnudo (o, según el sistema del Caribe, con sujeto antepuesto):

cuando me empezaron a dar trabajo para $\left\{\begin{matrix}\emptyset \\ \text{yo}\end{matrix}\right\}$ hacer maquinilla

o la forma flexiva en subjuntivo:

cuando me empezaron a dar trabajo para que (yo) hiciera maquinilla

Casos como el ejemplo (1), con sujetos idénticos entre subordinada y principal, permiten también en ocasiones la alternancia entre subjuntivo e infinitivo:

yo no me acuerdo de $\left\{\begin{matrix}\text{(yo) ser mala} \\ \text{que (yo) fuera mala}\end{matrix}\right\}$

Así pues la posibilidad de variación entre los grupos bilingües y monolingües es, por lo menos en teoría, considerable. Esta podría formalizarse en términos de la gradación que va de la construcción del ejemplo (1) al (3). Según la estructura está más cerca del (3), mayor obligatoriedad de aparición de sujeto (por lo tanto de subjuntivo) y con ello mayor violación de norma si aparece el infinitivo con sujeto antepuesto:

Ejemplo (1) . . . (2) . . . (3)

$\begin{bmatrix}\text{+ correferencia} \\ \text{+ infinitivo}\end{bmatrix}$ $\begin{bmatrix}\text{+ sujeto diferente} \\ \text{– infinitivo}\end{bmatrix}$

Las explicaciones teóricas del fenómeno, dentro del modelo de la sintáxis autónoma, lo han interpretado como un proceso único en el cual se formalizan, por igual, tanto los casos del ejemplo (1) como los del (3), hechos tan diferentes en nuestra propia versión. Esta es, desde luego, la única posibilidad que les ofrece el modelo.[5] Las primeras explicaciones propuestas, según aparecen recogidas en Suñer (1983:9-12), presentaron al sujeto del infinitivo con características de *clítico* o de *anáfora*.[6] Posiciones ambas que, en nuestro caso, responden propiamente sólo a los ejemplos de (1) y (2). Las dos interpretaciones limitan, como ya lo señalaba Suñer, las posibilidades reales de aparición del sujeto del infinitivo; por ello la autora postula una regla estructural que da cabida tanto al sujeto pronominal como al representado por una frase nominal.[7] La ventaja de esta regla es que generaliza más el proceso y favorece una visión unitaria del mismo.

Ahora bien, si se comprobara que en el español de Puerto Rico los hablantes monolingües tendían a las estructuras tipo (1) y (2) y sólo en casos de hablantes bilingües alcanzaba relevancia el tipo representado por el ejemplo (3), entonces las otras explicaciones (de *clítico* o *anáfora*) responderían mejor al español de Puerto Rico en general. Estas posibilidades son las que se van a analizar en este trabajo junto al comportamiento general de la oposición subjuntivo/infinitivo en el español de Puerto Rico.

Para nuestro análisis partimos de una muestra de 60 informantes con un total de 30 horas de grabación (media hora por hablante). Los informantes se agruparon uniformemente en tres clases A, B y C según el grado de bilingüismo, desde los que consideran el inglés su primera lengua por haberse criado en Estados Unidos hasta los que no han tenido ningún contacto, o muy poco, con ella. Se dividieron asimismo en tres grupos generacionales.

Se tuvieron en cuenta todas las construcciones de infinitivo (salvo las de verbos modales y verbos de percepción), 4049 en total. De éstas, 3559 eran de infinitivo (de las cuales 99—2.78%—tenían sujeto antepuesto); 490 eran construcciones de subjuntivo de las estructuras en que este modo alterna con el infinitivo (Cuadro 1).

Cuadro 1.

Clases de bilingüismo:	A		B		C	
Infinitivo	1149	85%	1257	84%	1054	88%
Subjuntivo	160	12%	221	15%	109	9%
Infinitivo con sujeto antepuesto	35	2.6%	26	2%	38	3.1%
Total	1344		1504		1201	

Las construcciones analizadas se clasificaron en tres categorías básicas, atendiendo al elemento que controlaba al infinitivo.

Las estructuras del 1 incluyen las que tienen control claramente determinado, bien formalmente (coincidencia de sujetos entre matriz y subordinada) o funcionalmente (repite el mismo tópico del párrafo), lo cual permitía incluir en este grupo gran parte de los infinitivos independientes y de los unidos con elementos coordinados.[8] (Véase Apéndice: Estructura 1, ejemplos (a), (b), (c), (d), (h).)

En la 2 se incluyen los casos en que aparece más de un tópico en la oración matriz de los cuales el que controla al infinitivo es el objeto u otra FN topicalizada. Estos casos ofrecen cierto margen de variabilidad en cuanto a la fuerza del elemento 'controlador' del infinitivo que no siempre está claramente determinado. (Véase Apéndice: Estructura 2, ejemplos (a), (b), (d), (e), (g).)

Dentro de la Estructura 3 fueron consideradas las construcciones en que el sujeto del infinitivo era un elemento nuevo o en la matriz existía lo que podríamos llamar 'conflicto de tópicos' y por lo tanto se presentaba la necesidad de realización del sujeto, si estaba en infinitivo, para no alterar el mensaje (ejemplo 5). Esto conllevaba, a su vez, mayor obligatoriedad del subjuntivo. (Véase Apéndice: Estructura 3, ejemplos (a), (b), (d,) (d), (e).)

Como se observa por los ejemplos, desde la Estructura 2 a la 3 hay una gradación de rasgos que va desde [+redundancia pronominal] y [−obligatoriedad de subjuntivo] en la 1, a [−redundancia pronominal] y [+obligatoriedad de subjuntivo] en la 3. Prácticamente tal gradación se manifiesta en la mayor o menor posibilidad de elisión del sujeto del infinitivo de la Estructura 1 a la 3.

Según se refleja en el Cuadro 2, los hablantes puertorriqueños alternan estas construcciones. En los contextos claves de las Estructuras 2 y 3 se observan estas alternancias.[9] Lo relevante de estos resultados según se ve en el Cuadro 2 es la circunstancia de que es la Clase C (la que tiene grado mayor de bilingüismo) la que hace mayor uso del sujeto de infinitivo no redundante (tanto en la estructura 2 como 3) como forma sustituta de la construcción de subjuntivo según habíamos postulado.

Cuadro 2.

Clases de bilingüismo	Infinitivo, subjunctivo e infinitivo con sujeto antepuesto					
	Estructura 2			Estructura 3		
	Inf.	Subj.	Inf.+suj.	Inf.	Subj.	Inf.+suj.
A	58/79 73%	19/79 24%	2/79 3%	6/98 6%	87/98 89%	5/98 5%
B	102/153 67%	48/153 31%	3/153 2%	13/211 6%	187/211 89%	11/211 5%
C	48/62 77%	9/62 15%	5/62 8%	6/64 9%	44/64 69%	14/64 22%

Ya en Poplack (1979), en sus análisis de las formas verbales de los puertorriqueños de Nueva York se señalaba el menor uso de subjuntivo por parte de los hablantes bilingües, hecho que para la autora, inexplicablemente, no tenía relevancia en sus análisis de convergencia lingüística. La razón era que la variación por grupo era muy limitada, según la autora. Para nosotros no deja de ser un índice significativo el que los informantes bilingües, no únicamente sustituyan el subjuntivo por infinitivo en los contextos de obligatoriedad de subjuntivo, sino que también lo hagan en los contextos de alternancia y libre selección de formas.

Hay que tener en cuenta que los resultados sólo alcanzan relevancia cuando se limitan a los contextos sensibles (en los que verdaderamente hay posibilidad de selección por parte del hablante). Eso quedó ya demostrado en Klein Andreu 1980, en su estudio de las formas de presente progresivo de los puertorriqueños de Nueva York. Los datos generales, obtenidos de conteos no clasificados, no son útiles porque incluyen variables que no están controladas (como son los factores envueltos en la misma situación de habla, del tipo de discurso, del contenido semántico de lo expresado, etc.). Se cuentan dentro de una misma categoría miembros con rasgos muy diferentes.

Así se demuestra en nuestros resultados: en el Cuadro 1 las clases ofrecen poca variación entre sí, hecho que favorecería una interpretación de no convergencia. No obstante, en los contextos en que los hablantes tienen realmente la alternativa de selección, los grupos A y C muestran ya unas diferencias que se hacen más notorias en la Estructura 3, donde el grupo de hablantes con nivel más alto de bilingüismo ofrece clara tendencia a la sustitución del subjuntivo por el infinitivo con sujeto expreso.

La Clase B muestra un comportamiento muy diferente: son más conservadores en el uso del subjuntivo que la clase bilingüe. Estos resultados, por provenir de la clase que tiene el nivel de educación más alto, podrían apoyar una hipótesis deficitaria del bilingüismo. Con todo, estos hechos ameritan un análisis más cuidadoso del que aquí podemos dedicarles; dejaremos la cuestión para otro momento.

Respecto a la relevancia que pueda tener la edad en estos hechos, observamos en el Cuadro 3 que es la generación más joven la que tiene los porcientos más altos de realización de sujeto con infinitivo y, a la vez, los más bajos en aparición de subjuntivo aunque no alcanza el grado del grupo bilingüe. Estos dos grupos (jóvenes y bilingües) son también los de porcientos más altos de hablantes con realizaciones de infinitivo con sujeto antepuesto.

Cuadro 3. Clases generacionales.

Clases generacionales	Infinitivo, subjunctivo e infinitivo con sujeto antepuesto					
	Estructura 2			Estructura 3		
	Inf.	Subj.	Inf.+suj.	Inf.	Subj.	Inf.+suj.
1(16-24)	47/64 73%	11/64 17%	6/64 9%	9/81 11%	62/81 77%	10/81 12%
2 (22-50)	87/106 82%	18/106 17%	1/106 1%	8/168 5%	145/168 86%	15/168 9%
3 (50+)	74/124 60%	47/124 38%	3/124 2%	8/124 6%	111/124 90%	5/124 4%

Pasemos ahora a un análisis un tanto más cuidadoso de los contextos en que pueden aparecer los sujetos de infinitivo. Los contextos que en los tres grupos se han manifestado más favorecedores para la aparición del sujeto han sido los mismos que se han señalado tradicionalmente como los que han permitido la aparición de sujeto pospuesto en el dialecto estándar. Son aquellos en los que la frecuencia del ámbito subcategorizador del verbo dominante no alcanza a la de la proposición incrustada, o no existe tal verbo dominante en estructura superficial (Hernanz 1982).[10] Estos contextos son los infinitivos exclamativos, independientes, narrativos, etc., y los de valor adverbial; también se incluyen las completivas que dependen de una matriz carente de frases nominales capaces de regirse en control. Como se observa en nuestros ejemplos del Apéndice, los contextos de infinitivo con sujeto se amplían en el español de Puerto Rico; aparecen en los complementos de núcleos nominales y adjetivos (como la oración 1-(h) con *planes de establecerse* o (2-(c) *trabajo para hacer*); aparecen también casos bajo rección de verbo (como los ejemplos 1-(f),(g)).

Sobre todo, se dan los enlaces con *para*. Sobre esta construcción vale la pena señalar que Keniston (1937) ofrece ya un caso de sujeto antepuesto con *para*: ('que en la corte no haya ocasión para *uno* se perder', junto con otros usos de enlaces adverbiales.[11]

Un análisis de nuestros datos señala que la aparición del sujeto con infinitivo en el español de Puerto Rico podría describirse atendiendo a dos funciones diferentes: (1) la estilística, reflejada en el uso del sujeto pronominal redundante (que en algunos casos bien podría ser un refuerzo enfático) que corresponde a las Estructuras 1 y 2 de nuestra muestra; (2) la comunicativa, que asegura la selección de un referente en un contexto ambiguo, como son los casos de la Estructura 3.

Los hablantes de la muestra manifiestan tendencias diferentes respecto a estas funciones. El grupo de hablantes con mayores conocimientos del inglés, como hemos visto, tiende a la función comunicativa y utiliza las formas de infinitivo como sustitutas de las de subjuntivo, ya que esta forma le ofrece ahora el mismo campo semántico-gramatical que aquella: expresión de sujeto y ausencia de marca temporal. La mayor frecuencia de este tipo de construcción por parte del grupo bilingüe C está justificada por las propias reglas del discurso que manejan. Se ha observado que sus textos presentan construcciones ambiguas—en cuanto a cuál es el tópico o referente en una situación dada—con más frecuencia que otros grupos, y, por lo tanto, con mayor necesidad de señalar el referente en contextos más complejos de subordinación oracional (obsérvese el ejemplo 3-(3)).

Los siguientes son una muestra de ello:

. . . y en ese mismo momento que me están . . . me van a tirar la bola para batearme . . . para tirármela para yo batear la bola

El estaba bien malo de la mente . . . él veía cosas y todo, mira, que antes de eso, que estábamos adentro, antes de nosotros salir para fuera a llamar a la policía y eso, él me había dado . . .

Obsévese que en ambos ejemplos hay rotura en la secuencia de tópico. De eliminarse el sujeto del infinitivo, el texto hubiera quedada confuso puesto que se hace referencia a más de un elemento referencial en el párrafo. Esta situación contrasta con la de los ejemplos de la Estructura 1. En ellos hay continuidad de referencia; no hay opción de otro referente, pero se insiste en la indicación del mismo.

Aun con los pocos datos con que se cuenta cuando se llega a estos matices de descripción, el Cuadro 4 presenta unas diferencias en las realizaciones de los distintos grupos de informantes, que, aunque limitadas en número, corroboran estos hechos: los hablantes monolingües tienden a construcciones de Estructura 1, tendencia que no se manifiesta tan clara en los bilingües. Igualmente es significativo que en las construcciones con *para* la Clase A sea la que tenga más sujetos de primera persona, mientras que en las mismas construcciones con *para* el grupo bilingüe tiene muchas menos. O sea, la tendencia a la construcción redundante en el grupo no bilingüe se puede apreciar desde distintos ángulos.

Cuadro 4. Realizaciones de infinitivo con sujeto expreso.

Clases generacionales:		1		2		3		Totales
Clases de bilingüismo:	A	26	74%	4	11%	5	14%	35
	B	14	54%	2	8%	10	38%	26
	C	13	34%	4	11%	20	53%	38

Nos permitimos postular que la redundancia es la función primordial de los sujetos antepuestos de infinitivo en los hablantes con menos conocimientos del inglés. Sin embargo, en el grupo bilingüe, que ofrece mayor libertad en la selección del sujeto, la función primordial de este sujeto parece ser la comunicativa. Por ello, los usos están más restringidos a las construcciones que, de no tener el sujeto, ocasionarían ambiguedad (sólo el 34% de ellos son redundantes).

Después de todo lo expuesto hasta aquí, debemos preguntarnos cuál de las interpretaciones (estilística o comunicativa) que ha recibido el sujeto antepuesto con infinitivo se acomoda mejor a la realidad empírica del español de Puerto Rico. Si partimos de la base de que ésta se debe ajustar al comportamiento más básico o general, y que siempre será preferible la regla que pueda distinguir entre los usos generales y los esporádicos o marcados, el inconveniente que presenta la regla de Suñer es que no hace esa distinción. Tal vez sería preferible, por el momento, otra explicación formal para el español de Puerto Rico, ya que, por ahora, los datos indican que la función que nosotros llamamos 'redundante' es la fundamental en este dialecto. Por un lado se extiende a mayores contextos (todos los que permitían la posposición en el dialecto estándar: oraciones exclamativas, narrativas, de valor adverbial y ciertas completivas, etc.); y por otro lado se concentra en las formas pronominales de las dos primeras personas.[12] No hay que olvidar tampoco que la mayoría de los casos encontrados aparecen en contextos que presentan una secuencia de tópico clara y, por lo tanto, aunque no presenten coincidencia exacta entre los sujetos de la subordinada y principal, el sujeto del infinitivo tiene referente único. Esto es lo que le da carácter anafórico y le permite la elisión sin mayores problemas.

El comportamiento de los hablantes bilingües, o los casos marcados de los monolingües, necesitarían otra explicación que generalizara los usos a otros tipos de sujetos, pero restringiendo los contextos posibles. A ellos se adaptaría mejor la regla de Suñer.

Por otro lado, cabe pensar que el español del Caribe, como ya ha manifestado en fenómenos de tipo fonético, se encuentra también en un proceso de cambio sintáctico que parece llevarlo hacia la redundancia pronominal general. Por ello es que la realización de sujeto pronominal es más alta en el español del Caribe que en otras áreas hispánicas (Morales 1984). Lo que no parece tan claro, por falta de datos adecuados, es que la aparición de sujeto antepuesto se extienda a todo tipo de sujeto (pronominal y frase nominal), ya que no hay suficientes conteos a este respecto.[13]

Estamos, pues, ante un dilema en el Caribe hispánico: los datos más seguros apuntan claramente a la redundancia de sujeto pronominal, aunque eso no quiere decir que un estadio futuro más avanzado del cambio lingüístico—y eso se hace patente en los casos marcados y en los textos bilingües—no incluiría también las frases nominales. Pero, por ahora, sería más aconsejable formalizar lo general y común, siendo éste el único modo de poder contrastar posteriormente estados sucesivos del cambio lingüístico.

Apendice: Ejemplos de infinitivo con sujeto expresado que se hallan en el corpus

Se indica, entre paréntesis, el número del informante, su grupo generacional y grado de bilingüismo.

Estructura 1

(a) '¡Imagínate, en la misma casa de ella *meterle* tres galletas!' (el tópico es el novio de la muchacha)
(b) 'y salimos mi hermano, un amigo de nosotros y yo en carro desde Nueva York y la meta era *llegar* a San Francisco'
(c) 'y (yo) los repartía entre los compañeros de trabajo para *yo ayudar*' 17-III-A
(d) 'al *yo casarme* y no tener hijos' 37-II-A
(e) 'y no hago más que *yo coger* el teléfono' 82-III-B
(f) 'yo no me acuerdo de *yo ser* mala' 63-II-A
(g) 'el *yo venirme* para acá no me gustó la idea' 18-I-C
(h) 'y ella tenía esos planes también de, ve, venir para acá y *ella* también *establecerse*' 8-I-C

Estructura 2

(a) 'y mi mamá no me dio break para *hablar*'
(b) 'me avisaron para que *fuera* a la escuela que ellos tienen en Arizona'
(c) 'cuando me empezaron a dar trabajo *para yo hacer* maquinilla' 69-I-A
(d) 'estoy en conflicto con mi mamá *por ella permitirlo*' 11-I-A
(e) 'por cualquier motivo te podían despedir, por *uno ser* malcriado' 14-II-B
(f) 'venía uno de ellos y te daba, después *para tú* ser capitán' 2-I-C
(g) 'darlcs la oportunidad de que ellos le cuenten sus problemas y *él oirles*' 8-I-C
(h) 'le dan ticket a uno sin uno hacer nada para *ellos hacer* chavos' 19-I-C

Estructura 3

(a) 'mandó un muchacho hablando inglés para *pedirme* algo'
(b) 'y no va a permitir que *otra persona venga* a indicarle lo que debe hacer'
(c) 'y al *la puerta venir* para atrás se llevó el dedo' 18-I-C
(d) 'siempre tenían una orquesta pequeña para *uno bailar*' (los jefes de la fábrica les proporcionaban esa distracción) 21-II-C

(e) 'mi familia, después de seis meses de *yo estar* aquí, como le faltaba muy poco para graduarse' (habla sobre el hermano) 32-I-C
(f) 'ustedes necesitan una piscina para *estas niñas bañarse*' 82-III-C
(g) 'ellos son tremendos amigos pero a la hora de *nosotros salir*' 69-I-A
(h) 'y hay muchos sitios donde *las personas*, tú sabes, *guarecerse*' 99-III-B

Notas

Agradezco a Margarita Suñer los valiosos comentarios que hiciera a la primera versión del manuscrito. Ni que decir tiene que esta interpretación, con todas las faltas que pueda tener, es responsabilidad mía.

1. Un claro ejemplo de estas posiciones la ofrece Suñer (1983:2) haciendo referencia al español de Caracas. Subraya la autora:

> . . . standard Spanish allows two possibilities for the subject of an infinitive: it can be PRO or it can be a lexical NP. In the former case, the subject remains phonetically unexpressed . . . On the other hand, when the subject is lexical it must appear after the infinitive . . .

y añade:

> since Case is hypothesized to be assigned under government by the AGR part of INFL, and furthermore, since Spanish infinitives lack AGR, it follows that preverbal subjects in infinitival clauses do not receive Case.

Explica posteriormente que los verbos en español podrían gobernar 'estructuralmente' al sujeto, por medio de algún movimiento que preponga al verbo, sin necesidad de asignarle caso objetivo (puesto que para asignarle caso tiene que recurrir también a los rasgos de subcategorización).

2. En la clasificación que hace el *Esbozo* de la Real Academia Española sobre el infinitivo, el sujeto de éste y el de la oración matriz pueden ser diferentes como en *Por no saber yo nada me sorprendieron, Se prohibe hablar al conductor, No hicieron llorar.* Pero aclara que 'cuando el sujeto del infinitivo está expresado, suele colocarse detrás de él; p.ej.: *Al entrar el director, todos nos levantamos y le saludamos.*'

3. Aunque carecemos de trabajos cuantitativos del fenómeno que puedan servir de comparación, nosotros estamos analizando ahora textos del español de Santiago de los Caballeros (República Dominicana) que indican, aún sin datos totales de las realizaciones, que éstas son, en términos cuantitativos (densidad de aparición), muy similares a las de Puerto Rico. Hasta tanto no tengamos datos contrastivos de otros zonas hispánicas estaremos trabajando a base de conjeturas.

4. Hay que subrayar la clara dicotomía que establece esta lengua entre los casos de control (o similares) de los que no lo son. Los primeros toman el complementador *to* que obligatoriamente elide el sujeto:

I bought Bill a book to read.

También se usa *to* en los casos de referencia arbitraria (cuando el verbo no es uno de los marcados de control):

I bought it to read.

Los segundos, *for*, que obligatoriamente conlleva un sujeto diferente:

It is illegal for John to leave.

He called the meeting for us to go.

Esta sería la estructura con posibilidad de copiarse.

5. En comunicación personal Suñer insiste, con mucha razón, en este punto.

6. El primer proceso se explica como que los sujetos se 'cliticalizan' al infinitivo y forman con él una especie de unidad léxica. En ese caso el sujeto clítico recibe el caso nominativo. La hipótesis anafórica ve los sujetos del infinitivo como anáforas (no pronombres) puesto que no tienen referencia independiente. Igualmente recibiría caso nominativo por una regla especial (Suñer 1983:9-12)

7. La regla es la siguiente: (29) . . . prep [$_{\bar{S}}$ [$_{S}$ NP^{i} INF^{i} . . .
[+lex.] ←
[+nom.]

Según la autora la asignación estructural de caso al sujeto podría ser un factor suficiente para inducir opacidad y por lo tanto que los pronombres fueran libres en las oraciones de infinitivo.

8. Aquí se incluyen los tradicionalmente considerados como narrativos, los exclamativos, y los coordinados. Todos ellos coinciden en que el infinitivo se interpreta como correferente del tópico del párrafo (véase ejemplo 1). Igualmente las completivas de verbo copulativo y adjetivo o las de doble oración subordinada (con el infinitivo haciendo de sujeto) en que la principal por carecer de FNs capaces de ejercer como control son a especie de estructuras transparentes de controles más altos en la jerarquía del párrafo. En estas situaciones, unos casos cualificaban como 1, los casos en que existía un control anterior (como el ejemplo (b) de 1). Del total de 2958 construcciones de estructura 1 sólo surgieron 6 casos de subjuntivo. Las categorías que aparecen en esta estructura son: verbos de volición, aspectuales, *gustar* y similares, ciertos verbos de entendimiento, conjuntos nominales, adjetivos más infinitivos, relativos adverbiales más infinitivos, preposiciones y grupo adverbiales más infinitivo, completivas con *ser* o similares e independientes. Algunas de estas categorías se repiten en la 2 y la 3. La estructura 2 presenta como categoría básica la formada por los verbos de mandato, los causativos y similares.

9. Estos contextos claves son los que permiten la alternancia con subjuntivo. Nos referimos a los infinitivos subordinados, a una preposición (especialmente *para*), o una frase adverbial antecedida o no de un grupo nominal o adjetivo. Existe la posibilidad de alternancia entre:

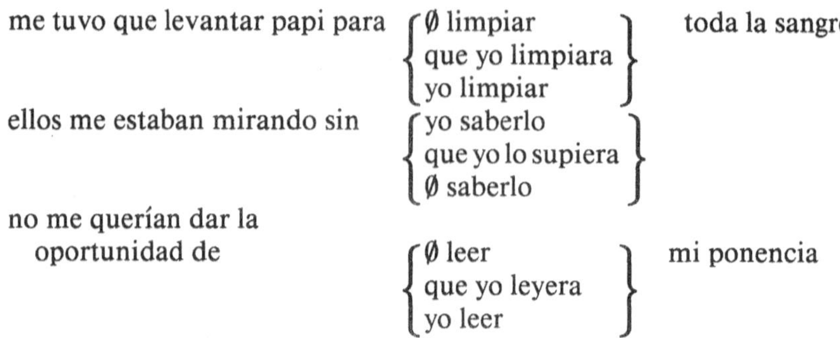

me tuvo que levantar papi para {Ø limpiar / que yo limpiara / yo limpiar} toda la sangre

ellos me estaban mirando sin {yo saberlo / que yo lo supiera / Ø saberlo}

no me querían dar la oportunidad de {Ø leer / que yo leyera / yo leer} mi ponencia

Lo mismo se observa en las oraciones (b), (c), (f) y (h) de la Estructura 2, y, en teoría, en la 3 aunque con un posible cambio semántico si se elidiera el sujeto del infinitivo. Según esto, la delimitación de las estructuras de estos contextos vendría dada en términos: de un mayor número de opciones en 2 frente a 3 (que ya no puede elidir el sujeto del infinitivo). De estos conteos se excluyeron las construcciones con *al* que no permiten el subjuntivo y las de *por* que alternan con indicativo.

10. Hernanz señala, refiriéndose a los sujetos pospuestos en estos casos, que aparecerán 'en las construcciones en que el verbo principal no imponga sobre ellos restricciones de correferencia' (1982:364).

11. Sobre el sujeto del infinitivo Keniston (1937:550) observa que éste normalmente sigue al infinitivo, 'but throughout the sixteeth century there is a fairly strong tendency to place the subject before the infinitive, an order which emphasizes the clausal character of the construction in that it retains the normal order of subject and verb.'

12. También hay abundancia de usos con *uno* pero precisamente esta forma pronominal, aun en los casos más extremos, como es el caso ofrecido por Suñer, no siempre conlleva cambio de referente. En el ejemplo 'La carrera está bien canalizada para *uno* salir más que todo hacia la práctica del trabajo', a pesar de que los sujetos son diferentes, el párrafo mantiene un referente impersonal uniforme. Hay que tener en cuenta los diferentes significados que puede adquirir el pronombre *uno* según los contextos en que aparezca. Estos se mueven entre *uno*, representante de la primera persona o hablante, hasta *uno*, impersonal, o sea cualquiera (aunque ese cualquiera incluye al hablante). En ocasiones *uno* se utiliza para marcar grupos diferentes, como en la oración 3-(d), que se identifica en *uno* al hablante frente al grupo de administradores, uso muy diferente al de estos ejemplos de la 1:

pero que debe de ser así, uno sentir que no tiene algo

al uno considerar los sucesos más recientes

13. Los únicos de que disponemos, Bentivoglio (1988), Silva-Corvalán (1983), Morales (1984) no ofrecen suficiente material comparativo.

Alargamiento vocálico compensatorio en el español cubano: Un análisis autosegmental

Rafael A. Núñez Cedeño
University of Illinois-Chicago

1. En la fonología generativa estándar no se le aplica una regla fonológica a la derivación de una estructura cualquiera si dicha estructura no le sirve de entrada a la regla, o si la estructura no satisface la descripción estructural de dicha regla. Uno de los ingenios mecánicos que se ha empleado en la teoría para impedir el que una estructura le sirva de entrada a una regla, sin impedirse el que simultáneamente se aplique la regla a otras estructuras, es el ordenamiento de reglas. Sin embargo, varios análisis han demostrado que este tipo de asedio es harto mitigante en el sentido de que es incapaz de ofrecer descripciones satisfactoriamente adecuadas de los datos. Kisseberth (1973) demostró que el alargamiento vocálico compensatorio que se realiza en klamath se produce sólo si se tiene presente el estado ancestral de un segmento elidido, formulación que se opone a los principios básicos de la teoría estándar en la que la aplicabilidad de una regla a una estructura es producto exclusivo de esa estructura y nada más. No se debe tener en cuenta la historia derivacional de una entrada al aplicársele otra regla.

Lo que Kisseberth proponía era que simplemente no había manera de dar cuenta del ALARGAMIENTO VOCÁLICO COMPENSATORIO (AVC) a no ser que se tuviera presente el origen derivacional de la entrada estructural. En otras palabras, proponía la adopción de 'reglas globales' en la teoría ya que con ellas se pueden hacer más distinciones que antes en las descripciones estructurales.

El costo natural de semejante adopción da por resultado un exagerado poder descriptivo de los datos, hecho que ha conllevado a muchos fonólogos a limitar su empleo en las descripciones fonológicas (Kiparsky 1973,

Miller 1975). Teniendo presente estas atenuantes, Hammond (1986a) se ha propuesto demostrar que el AVC que se da en el español cubano sólo se logra describir de manera satisfactoria si se cuenta con el uso de reglas globales. El tener que emplearlas en cubano es consecuencia directa de la teoría segmental en que Hammond basa su análisis. En este ensayo proponemos en cambio que el AVC no se debe tratar como fenómeno segmental sino más bien como autosegmental en el que se desplazan los estratos de un segmento vocálico pasando a llenar el lugar vacío de una consonante cuyos estratos fueron previamente eliminados.

2. Encuestamente planteada, la fonología autosegmental tiene como meta teórica proponer que las representaciones fonológicas y fonéticas consisten de segmentos paralelos que están colocados en diferentes estratos y no de representaciones segmentales concatenados en un solo renglón, como se postulaba en Chomsky y Halle 1968. Dichos estratos se conectan por medio de líneas de asociación que son insertadas por reglas durante el curso de una derivación, líneas que además están regidas por principios de BUENA-FORMACIÓN. Estos principios expresan condiciones universales de lengua y garantizan que la equivalencia entre estratos se haga por una u otra manera: (1) por ASOCIACIÓN SIMPLE, en la que sólo un elemento de un renglón se asocia con otro elemento, o que varios elementos de un estrato se asocian a un único elemento de otro estrato; o (2) por ASOCIACIÓN EXTENDIDA, en la que la línea de asociación se desplaza y ocupa las posiciones vacías de otro estrato. Este es el basamento original de la fonología autosegmental, pero aquí incluiremos algunos refinamientos que se han hecho después, particularmente en los trabajos de McCarthy (1979) y Halle y Vergnaud (1980).[1]

3. Pasemos ahora a discutir el planteamiento de Hammond (1986a) y para ello ofrecemos los datos cruciales de su análisis en (1).

(1) Cubano, habla rápida

Formas subyacentes:	Representación fonética:	Glosa:
/búske/	[bú:ke]	busque
/búke/	[búke]	buque
/pastíyas/	[pa:tíyah]	pastillas
/patíyas/	[patíyah]	patillas
/peskádo/	[pe:káðo]	pescado
/pekádo/	[pekáðo]	pecado

Dos hechos transparentes saltan a la vista de los datos en (1). En primer lugar, la elisión de /s/ implosiva da un consiguiente alargamiento de la vocal precedente;[2] en segundo lugar, la elisión o aspiración de /s/ final no produce el alargamiento de la vocal que lo procede. En su modelo teórico Hammond propone explicar los hechos con una regla de aspiración o elisión de /s/ al final de sílaba, y otra de alargamiento vocálico compensatorio según damos respectivamente en (2) y (3).

(2) Regla de aspiración y/o elisión de /s/.

$$/s/ \rightarrow \left\{ \begin{matrix} [h] \\ \\ [\emptyset] \end{matrix} \right\} \underline{\quad\quad} \$$$

(3) Regla de alargamiento vocálico compensatorio.

V → V: / ____ C

Condición: Si la elisión de /s/ ha ocurrido por obra de la regla (2), entonces la regla de AVC también debe aplicarse.

Lo que importa de la regla (3) es la condición que lleva anexa. Es decir que para aplicar la regla (3) hay que tener en cuenta la historia derivacional de un segmento elidido, captado por la regla (2). Según Hammond, así tiene que ser puesto que de lo contrario las vocales de palabras como *abogado*, *lobo* y otras parecidas, se alargarían de no estipularse la condición. Es, en otras palabras, una 'regla global'. Hammond discute otros modelos alternos y los rechaza porque se relaciona la elisión d /s/ con el alargamiento vocálico, hecho que no se refleja en datos adicionales que él ofrece donde se observa la eliminación de /s/ final sin que se produzca el AVC. Para Hammond las dos reglas tienen motivación independiente.

3. Para demostrar que no hay necesidad de echar mano al poderoso y sospechoso recurso de reglas globales, conviene esquematizar un poco más detallado el modelo autosegmental-jerárquico que ayudará a elucidar nuestro análisis.

Una estructura fonológica, pongamos por caso la palabra *asa*, estará organizada de manera multidimensional en el que existe un 'esqueleto prosódico' constituido por C y V. En otro plano estarán presentes las consonantes y vocales con sus rasgos fonológicos distribuidos a la manera de Goldsmith. *Asa* se esquematiza como sigue:

(4)

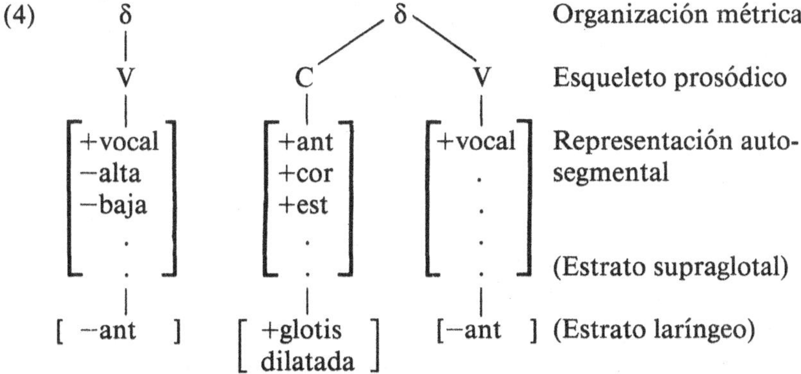

Obsérvese que /s/ a nivel autosegmental consta de dos estratos distintos: el supraglotal (o lingual) y el laríngeo. Con esta organización resulta simple explicar el proceso de AVC. Con la palabra *costa,* por ejemplo, lo que ocurre es que se desligan los estratos fónicos de su esqueleto prosódico, y al estar estos desligados no encontrarán interpretación fonética. Entonces el vacío que queda pasará a rellenarse con los rasgos de la vocal precedente, teniéndose en cuenta la asociación extendida y el principio de buena formación. A modo de ilustración con la *os* de *costa* tenemos lo siguiente:

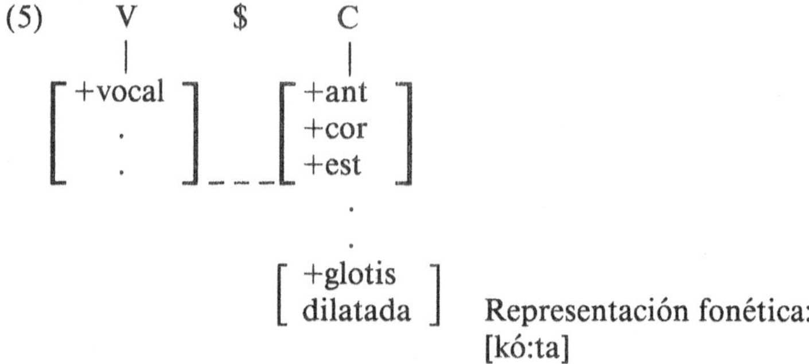

¿Qué tipos de beneficios obtenemos con este análisis? Primero, no hay necesidad de echar mano a condición alguna ni tener presente derivaciones ancestrales; segundo, el proceso se explica porque responde a un principio de gramática universal, o sea, a la asociación extendida, que no le es única al español como se ha demostrado en los mencionados trabajos de McCarthy, Goldsmith, y Halle y Vergnaud; tercero, ahora se puede explicar el no alargamiento de las vocales en *abogado, lobo,* y otras: por la sencilla razón de que el esqueleto prosódico es diferente, ningunas de las vocales pueden desplazarse y ocupar un esqueleto C porque no lo hay. De hecho, un bono adicional que se consigue con nuestro modelo es la aplicación del alargamiento vocálico que Hammond reporta para *pared* [paré:] y *cansado* [kansá:o], entre otras. Su modelo tendría que estipular otra regla global, esta vez haciéndose referencia a la *d* perdida. Se ve, entonces, lo costoso y complejo que resulta una regla global, amén de las generalizaciones que se pierden.[3]

Una roncha que aparentemente debilita nuestro análisis es la falta de alargamiento de la vocal que precede a /s/ final, falla que además socaba el estudio de Hammond haciéndolo observacionalmente inadecuado. Esto así, porque la regla de elisión (2) se cumple al final de sílaba y por tanto se le aplicaría a las *s* de *pastillas* por estar precisamente de dicha posición. Por lo que se ve en el trabajo de Hammond, se entendería por final de sílaba toda /s/ que no sea sílaba final, pero en su descripción formal tal distinción no existe, lo cual significa que el AVC tendrá que cumplirse.

Para nosotros poder circunnavegar este problema podríamos alegar que el AVC se realizará solamente en el ámbito de la raíz derivacional de una palabra, si es que entendemos por raíz derivacional a $[(\ldots)]_x$ en donde *x* corresponde a sustantivo, adjetivo o adverbio. Interpretada de esta manera, las formas parentéticas en (6) son las raíces y por tanto el alargamiento se ejecutaría allí y no fuera de la raíz:

(6a)	(6b)	(6c)
[(pastíy)a]	[(pastíy)as]	[(pastiy)ítas]
[(búsk)e]	[(búsk)es]	
[(peskáð)o]	[(peskáð)os]	[(peskað)ítos]

Las derivaciones en (6c) demuestran que, en efecto, [(pastiy)] y [(peskað)] son las raíces y lo que sigue son elementos terminales. No obstante sucede que hay formas como *moralista, comunista, comunismo, economista* y otras tantas parecidas con vocales alargadas fuera de la raíz derivacional y que la propuesta no capta.[4] A éstas habría que añadírseles las formas en (7).

(7) [(tos)]
[(lápis)]
[(més)]
[(táksis)]
[(eskosés)]
[(kortés)]

Según Hammond (comunicación personal), las vocales finales en (7) no se alargan. Nuestra propuesta naturalmente las alargaría.

Si nos fijamos en el esqueleto prosódico de cada una de las palabras que cuestiona el primer paso de análisis, observaremos que a /s/ no la sigue consonante alguna; en cambio la /s/ implosiva está flanqueada por una consonante. El ámbito preciso de alargamiento vocálico es como se representa en (8).

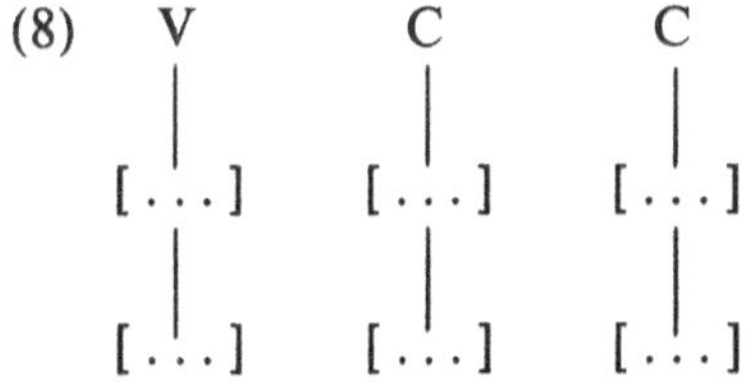

Ciertamente que el AVC en el español de Cuba se cumple al final de sílaba, empero parece ser evidente que ésta no es la condición necesaria para que se realice. Hay que tener presente un segmento consonántico siguiente, haciendo superfluo toda mención a la frontera silábica $ o al límite de palabra #. Nuestro análisis habrá de predecir que la *e* final de *cortés* no se alargaría por razón de no ajustarse a la descripción estructural de (8). Este razonamiento no se le aplicaría a *cortés* una vez que se le añade el adverbio *-mente*, puesto que en tal caso la /s/ se ajusta a la descripción de (8) y por consiguiente se daría el alargamiento de *e*.

4. El análisis que hemos elaborado le plantea un serio desafío a las reglas globales. De hecho, los últimos avances de la teoría fonológica logran confirmar lo que se venía diciendo de ellas: que realmente son demasiado poderosas. Además, estos nuevos avances nos permiten precindir de un todo de las reglas globales.

Notas

A Jim Harris le agradezco sus comentarios y atinadas observaciones. Por supuesto que cualquier fallo interpretativo se le debe atribuir al autor.

1. Una concisa presentación de la teoría autosegmental se encuentra en Harris 1983a y 1986a, y Goldsmith 1979.

2. Aquí se presume que el AVC, según reza el nombre, sólo se ejecuta con vocales. En otros estudios se ha demostrado que en palabras como *instituto* y *perspectiva* las respectivas *n* y *r* no se alargan una vez que se elide /s/ (Guitart 1981).

3. Curiosamente con este tipo de análisis se capta el AVC que se registra para algunos hablantes de La Guaira en Venezuela. Según González (1981), el AVC se da al eliminarse una obstruyente implosiva. De suerte que *rapto* resulta fonéticamente [ráato], y González la explica empleando un modelo autosegmental.

4. Estas formas, y las que aparecen en (7), no fueron estudiadas por Hammond, con excepción de *taxis*. Las aseveraciones que hago son fruto de comunicaciones posteriores de Hammond.

Fonología de las líquidas en el español cibaeño

Nelson Rojas
University of Nevada, Reno

1. Introducción. El rasgo fonético más saliente del español hablado en la región del Cibao, en la República Dominicana, es sin duda la llamada vocalización de las líquidas *r* y *l* en posición posnuclear en la sílaba. Digamos de inmediato que no sería vocalización lo que ocurriría en esta posición, sino semivocalización, término que emplearemos de aquí en adelante. En un trabajo anterior presentado al VI Simposio de Dialectología del Caribe Hispánico (Rojas 1982), hicimos una presentación fonética del problema dentro del marco de una investigación de campo, de alcances limitados, por cierto, llevada a cabo en el área circumvecina a San Francisco de Macorís.

Querríamos en este trabajo abordar de nuevo el tema, ahora desde el punto de vista de la fonología del dialecto cibaeño. Está claro que en cualquier descripción fonológica de este dialecto la *r* y *l* contarán como unidades autónomas, aunque emparentadas. El problema es la situación fonológica de estas líquidas en posición silábica posnuclear.

2. Explicación tradicional: neutralización fonológica. La solución de la fonología estructural clásica es la de ver una situación de neutralización en estos casos. Jiménez Sabater (1975:104) ejemplifica tal posición cuando asevera que 'la zona norte, o Cibao, que ocupa casi la mitad de la nación, se caracteriza por un predominio casi sistemático del archifonema /I/, producto de una triple neutralización: /veIde/, /muheI/.'

Recordemos brevemente que dentro de esta teoría lingüística se funciona con comparaciones entre segmentos en la cadena hablada (nivel físico) y su correlato semántico (nivel conceptual). Las unidades segmentales básicas, de fonemas (clases) y alófonos (subclases) no bastan para acomodar las cuatro situaciones diversas que pueden darse. A estos dos conceptos se deben añadir el de neutralización y el de variación libre.

El término 'neutralización', como se ve en (1), abarca aquellos casos en que un contraste fonológico, existente en algunas posiciones dentro de la cadena hablada, no es distintivo en otra u otras posiciones. El ejemplo clásico es la neutralización de la oposición de sonoridad de las obstruyentes en posición de final de palabra, como ocurre en alemán, por ejemplo.

(1)	Contraste físico:	Diferencia semántica:
Fonemas	+	+
Alófonos	−	−
Neutralización	−	+
Variación libre	+	−

Para que esta descripción tradicional refleje los hechos, las tres reglas siguientes debieran funcionar en el dialecto, de modo categórico.

(2a) $r \rightarrow j / \_\_ \begin{Bmatrix} C \\ \#\# \end{Bmatrix}$

(2b) $l \rightarrow j / \_\_ \begin{Bmatrix} C \\ \#\# \end{Bmatrix}$

(2c) $i \rightarrow j / \_\_ \begin{Bmatrix} C \\ \#\# \end{Bmatrix}$

Nótese que el caso de las líquidas, si fuera un caso de neutralización, sería diferente al de las obstruyentes al final de palabra a que aludimos recientemente. La neutralización no toma la forma de una de las líquidas, sino o bien de otro fonema (si consideramos que la semivocal [j] es un fonema del dialecto) o bien de un alófono de otro fonema (si consideramos que la semivocal [j] es un alófono de la vocal /i/). No exploraremos las consecuencias de las reglas esquematizadas en (2) por razones que quedarán claras a medida que avancemos en la exposición de nuestro trabajo. Queremos sí hacer notar que el concepto de neutralización (en el sentido de homofonía fonética) ha sido objeto de diversos ataques, incluso en los casos de neutralización por antonomasia—cf. el artículo de Dinnsen y Charles-Luce (1984), por ejemplo, sobre la neutralización de las obstruyentes en catalán en posición final de palabra.

No necesitamos examinar la identidad o no identidad fonética postulada en el esquema (2) para refutar tal esquema. La situación de las líquidas implosivas, como mostramos en Rojas 1982, está lejos de ajustarse a estos datos.[1] Al contrario, prestando atención sólo a las líquidas, descartando por lo tanto la semivocal [j] como alófono de la vocal /i/, la situación es en realidad más semejante a (3).[2]

$$(3a)\ /r/ \rightarrow \left\{\begin{matrix} R \\ L \\ \text{‘S’} \\ \emptyset \end{matrix}\right\} /\ \text{implos.} \qquad (3b)\ /l/ \rightarrow \left\{\begin{matrix} L \\ R \\ \text{‘S’} \\ \emptyset \end{matrix}\right\} /\ \text{implos.}$$

Para seguir dentro del paradigma estructural clásico, deberíamos decir que estamos ante un caso de variación libre antes que ante un caso de neutralización. Vale decir, que pronunciemos *sabor, saboi*; *papel, papei* no afecta el significado.

Ahora bien, considerando ambas líquidas en conjunto uno querría emplear un concepto que reflejara el hecho de que los alófonos son semejantes. Sin embargo, el concepto de neutralización *sensu stricto* no cabe. Dada una realización cualquiera de *r* frente a otra de *l*, puede producirse tanto contraste como neutralización. El contraste puede ser cualquiera de los alófonos siempre que sean distintos. Se produciría neutralización si por casualidad esas dos realizaciones son idénticas. Podría calcularse matemáticamente la probabilidad de neutralización dados los porcentajes de aparición de cada una de las variantes de las líquidas en esta posición. Sin embargo, dado el número de variantes y el porcentaje mayoritario de la realización tipo *R* para la vibrante y tipo *L* para la lateral, es fácil darse cuenta de que hay muchas más posibilidades de que haya diferencia fonética antes que neutralización.

Estos datos presentan, pues, un problema para esta teoría estructuralista, porque no tiene el aparataje teórico para pasar del concepto de variación libre al de neutralización. A lo más podría proponerse una neutralización parcial.

3. La visión generativa: reglas variables. Esta solución estructuralista de la fonología puede remplazarse por otra superior, pensamos, dentro del paradigma generativo, solución que esbozamos a continuación. La descripción incluye unidades básicas (equivalentes *grosso modo* a los fonemas anteriores) y luego procesos a que tales unidades están sujetas en una lengua determinada (las reglas fonológicas), concepto más amplio que el de alófonos. Dentro de este paradigma, la *r* y la *l*, agrupadas en la clase de las líquidas, comparten rasgos fonológicos (de allí el que pertenezcan a la misma clase) pero también se diferencian en ciertos otros rasgos que las hacen ser unidades diferentes. Las líquidas estarían afectas a uno o varios procesos (reglas) que serían responsables de las varias pronunciaciones de la *r* y de la *l*: trueque, semivocalización, elisión, por ejemplo. Estas no serían reglas categóricas, ni siquiera reglas facultativas, sino reglas variables. Se pueden añadir, en la sección del contexto de las reglas, indicaciones tanto estrictamente lingüísticas como sociológicas: si la regla se aplica más cuando la líquida está dentro de la palabra o al final de la palabra, si afecta más a los sustantivos que a los verbos, si dentro de los verbos hay diferencias entre las formas finitas y las no finitas, si la regla se aplica más entre los educados que entre los no educados, si se da en algunas regiones del dialecto con más intensidad que en otras, etc.

Uno pensaría que podrían combinarse estas reglas en una sola, ya que afecta a las dos líquidas, reconocidas como una clase de sonido. Pero esta combinación no es posible, tal como no fue posible decir que en posición silábica posnuclear había neutralización de la oposición líquida lateral líquida no lateral. El problema, ya anotado en D'Introno, Rojas y Sosa 1979, es que como las proporciones de cada una de las variantes son diferentes según se trate de *l* o de *r*, las dos reglas no pueden reducirse a una; pueden evidentemente combinarse con cualquier aparataje formal más o menos ad hoc, pero guardando siempre la identidad de cada segmento.

El modelo estadístico de las reglas variables, así como el concepto de diversos estilos de habla o situaciones sociales, puede llevarnos a una mayor precisión en lo que concierne las diversas manifestaciones fonéticas de las líquidas implosivas. En teoría se podrían añadir cuantos detalles lingüísticos y sociológicos sean necesarios para presentar el reflejo más fiel de la realidad lingüística del dialecto. El problema sí es que caemos en un descriptivismo sin apoyo explicativo. Queríamos entender el por qué de todos estas variantes.

4. Hacia una comprensión del fenómeno. Es fácil entender la motivación del fenómeno de que nos ocupamos. Desde el punto de vista fonético articulatorio y acústico, la posición silábica posnuclear ha sido siempre reconocida como una posición débil. No es de extrañar que en tal posición los sonidos sufran diversos tipos de variaciones y debilitamientos. Además, desde el punto de vista funcional, la posición silábica posnuclear no es una en que las líquidas en cuestión contrasten sistemáticamente. Es verdad que existen pares mínimos como *arma*, *alma*; *salta*, *sarta*, y muchos otros. Sin embargo, estos son minoritarios en el concierto total de la lengua. No sólo eso, hay pares mínimos que no se dan en el léxico de todos los hablantes del dialecto—*palta* 'aguacate', *parta* (de *partir*) no se da en este dialecto; *sardo*, *saldo* bien puede que no sea un contraste que manejen todos los hablantes. Además, incluso en los casos como *arma/alma*, el contexto normalmente elimina a uno de los dos miembros del par, por lo que la comunicación no se distorsiona en absoluto. No hay, pues, presión funcional, digamos, para distinguir las líquidas en esta posición, físicamente débil dentro de la cadena silábica. Como hay redundancia en la lengua, se explota tal redundancia produciendo una multiplicidad de formas allí donde la lengua general ideal acepta ya sea una lateral o una vibrante.

Esta variabilidad fonética de las líquidas en posición silábica posnuclear es común a todos los dialectos del español. Consideraciones paralingüísticas debieran explicar por qué algunos dialectos se acercan más a la norma general que otros—educación, cohesión social, escala de valores en que la elocución o la propiedad lingüística ocupan un lugar alto, etc.

En el caso del dialecto de que nos ocupamos, es tarea de la fonología poner un cierto orden idealizado—todo sistema es una idealizacion—en los datos. Antes de proponer este orden, necesitamos presentar nuestra hipótesis acerca de la llamada semivocalización.

5. Las líquidas y la semivocalización. Todos los fonetistas que se ocupan del español insisten en el hecho de que el cuerpo de la lengua ocupa una posición alta al producir las líquidas. Hay quienes llaman a la *l* española, contrastándola con la del inglés, una *l* con visos de *i*—'*i*-colored *l*'.[3] Pensamos que la fonología debe reflejar ese hecho adoptando para las líquidas a nivel fonológico el rasgo [+alto], rasgo que comparten con segmentos palatales y con la semivocal *i*.[4]

Por otra parte, la llamada variante semivocalizada adopta, como parece ser la norma con las líquidas, diversas formas, desde un sonido netamente consonántico [escribiremos *Y*] a un sonido semivocálico [escribiremos j]. El cuadro (4) resume algunos de los rasgos esenciales de los sonidos en cuestión.

(4)	anterior	coronal	alto	bajo	retraído
r/l	+	+	+	–	–
Y	–	+	+	–	–
j	–	–	+	–	–

En las llamadas variantes semivocalizadas, lo que tenemos es una pérdida del contacto de la lengua con la zona alveolar junto con un movimiento del cuerpo de la lengua en dirección hacia la zona palatal; el sonido ya no es anterior, pero sigue siendo un sonido alto, o sea, una especie de palatal, pero aún así consonántico. Este sonido consonántico puede debilitarse, tal como las líquidas normales, y, de haber debilitamiento, se produce la semivocal [j]. Sabemos que palabras como *muy, hoy, ley,* etc., presentan esta variedad entre un sonido final consonántico a veces, semivocálico otras. Para el lego, todas estas variedades del segmento final se interpretan como variedades de /i/, allí la afirmación de que en el Cibao las líquidas implosivas se pronuncian como *i*, o de que en el Cibao se dé la 'vocalización' de las líquidas.

Así, propiamente, la semivocalización es una posteriorización de las líquidas, que puede manifestarse fonéticamente como una consonante palatal o como una semivocal palatal.

6. Descripción del fenómeno. Pasando ahora a la descripción misma del fenómeno, lo que querríamos decir es que hay realizaciones que llamaremos normales o ideales y luego posibles realizaciones relajadas. En español general, las realizaciones ideales son la llamada vibrante simple y la lateral. Entre las realizaciones relajadas están, entre otras, la variante fricativa y las variantes consonánticas en que no hay contacto con el paladar—*r* relajada, *l* relajada en D'Introno, Rojas y Sosa 1979.

En el dialecto cibaeño, diríamos que hay dos realizaciones ideales: una que trata de acercarse a la vibrante y a la lateral (el trueque, especialmente, ya que no hay mixtas) y una variante palatal. Entre las realizaciones relajadas, habría, para concentrarnos en dos momentos de un continuum, variantes relajadas de las dos variedades anteriores (*r* y *l* relajadas, y la variante semivocalizada) y el cero fonético, grado máximo de debilitamiento.

(5a) Líquidas norma:	variantes tipo R/L
	variante palatalizada Y
(5b) Relajamiento 1:	variantes R/L relajadas
	variante semivocalizada
Relajamiento 2:	cero fonético

De las varias cadenas de relación entre estas variantes que uno podría proponer, hay dos que tienen cierto atractivo: considerar que el resultado de las reglas de la norma sirven de punto de entrada a las variantes relajadas (1) y el resultado de estas reglas, es el punto de entrada del cero fonético. También se puede considerar que todas estas variantes están disponibles en la realización particular de cualquier líquida implosiva. Esquematizando:

(6a) Líq $\longrightarrow$ norma
norma $\longrightarrow$ ralaj1
relaj $\longrightarrow$ relaj2

(6b) Líq $\longrightarrow \left\{ \begin{array}{l} \text{norma} \\ \text{relaj1} \\ \text{relaj2} \end{array} \right\}$

Aunque (6a) presenta el fenómeno, correctamente, pensamos, como una progresiva relajación, nos inclinamos por (6b) por dos razones. Hay hablantes que en realidad utilizan más de una variante, incluso todas, y no parece económica una gramática que para generar un cero fonético tenga que pasar por dos reglas intermedias. Por otra parte, los hablantes del dialecto no pueden agruparse en aquellos que sistemáticamente producen las líquidas normales, los que además de la norma producen las variantes del relajamiento (1) y, finalmente, los que producen los tres tipos de variantes; una distribución de esta naturaleza favorecería (6a). Finalmente, pensamos que el relajamiento es un proceso que afecta a toda lengua y que por lo tanto el hablante, sincrónicamente, dispone de todas las variantes disponibles, tanto normales como relajadas, como lo indica el esquema (6b). Es tarea de las reglas variables especificar las condiciones de aparición de cada variante.

Vistas así las cosas, es fácil comparar este dialecto con el español general o con otros dialectos. A la norma única del español general corresponde una norma múltiple en este dialecto. En ambos dialectos ocurre el relajamiento, pero se da en mayor escala en el dialecto cibaeño, con variedades peculiares (la semivocalizada) y también con la posibilidad extrema de la desaparición total de la líquida.[5]

7. Algunos detalles sobre las reglas. Para concluir, anotaremos algunos detalles sobre las reglas de pronunciación de las líquidas para el dialecto cibaeño. Es difícil formalizar las reglas contenidas en (6b) porque no se ha prestado atención detallada a los rasgos fonológicos de las líquidas—cuando hay tres líquidas en el sistema pocos rasgos bastan para diferenciarlas—y menos aún a la relación entre los rasgos fonológicos y los fonéticos. A título de ejemplo provisorio, formalizamos en (7) algunos de los procesos aludidos en este trabajo.

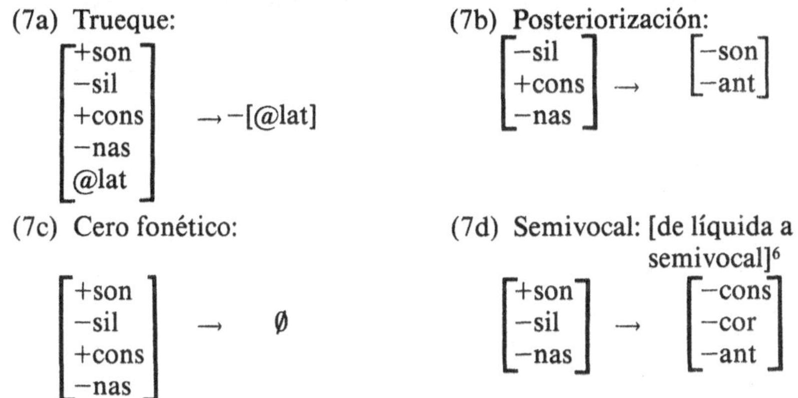

(7a) Trueque:

$$\begin{bmatrix} +\text{son} \\ -\text{sil} \\ +\text{cons} \\ -\text{nas} \\ @\text{lat} \end{bmatrix} \rightarrow -[@\text{lat}]$$

(7b) Posteriorización:

$$\begin{bmatrix} -\text{sil} \\ +\text{cons} \\ -\text{nas} \end{bmatrix} \rightarrow \begin{bmatrix} -\text{son} \\ -\text{ant} \end{bmatrix}$$

(7c) Cero fonético:

$$\begin{bmatrix} +\text{son} \\ -\text{sil} \\ +\text{cons} \\ -\text{nas} \end{bmatrix} \rightarrow \emptyset$$

(7d) Semivocal: [de líquida a semivocal][6]

$$\begin{bmatrix} +\text{son} \\ -\text{sil} \\ -\text{nas} \end{bmatrix} \rightarrow \begin{bmatrix} -\text{cons} \\ -\text{cor} \\ -\text{ant} \end{bmatrix}$$

Señalaremos eso sí que no es este en absoluto un tratamiento definitivo de los rasgos. Tomaremos dos rasgos como ejemplo, el rasgo [continuo], que no se ha mencionado en las reglas, y el rasgo [tenso]. La vibrante y la lateral son normalmente descritas como [−cont], en contraste, evidentemente con las verdaderas oclusivas. Las variantes relajadas que no presentan contacto de la lengua con la zona alveolar son también evidentemente [−cont]. Pero creemos que cualquier teoría debería distinguir entre estos dos muy diferentes grados de continuidad. Igualmente, la vibrante simple y la lateral se clasifican normalmente con el rasgo [−tenso], frente a la vibrante múltiple que tiene el rasgo [+tenso]. Las diferentes variantes relajadas discutidas en este trabajo también estarán marcadas con el mismo rasgo [−tenso]. Necesitamos, pues, más distinciones para acomodar las distinciones entre las diferentes variantes.

En lo que concierne la aplicación de las reglas, su campo de aplicación es la palabra, no los morfemas que constituyen las palabras. No son, pues, ni reglas cíclicas ni poscíciclas, para usar la distinción discutida, por ejemplo, en Rubach 1984. Considerando la derivación de *forma*, y suponiendo que se aplique la regla de posteriorización (*foyma*), tal regla sería poscíclica. Sin embargo, derivaciones como *form+al* y *form+al+mente*[7] apoyarían también una interpretación cíclica de la regla. Si añadimos la derivación de *form+al+ismo*, en que la *l* nunca se posterioriza, vemos que la división morfemática, en que se basa la distinción de regla cíclica y poscíclica, no es en absoluto central para entender el funcionamiento de esta regla de posteriorización. Sería, pues, última en el ciclo, o se aplicaría antes del ciclo, respetando límites de palabra. Aún así, la definición de palabra acarrea problemas. Queremos que los infinitivos, por ejemplo, se consideren palabras, para dar cuenta de la aparición del cero fonético delante de infinitivo que comienza por vocal. Pero no queremos que la preposición *por* cuente como palabra porque en el mismo contexto—*por* delante de vocal—lo que aparece es una vibrante normal y no otras variantes, tal como si la líquida estuviera en medio de vocales.[8]

Finalmente, cuando se considera esta regla en el concierto de las derivaciones fonológicas del dialecto, debe tenerse cuidado de mantener separadas las derivaciones de los plurales de palabras como *ley* y *papel* que, en singular, las reglas pueden hacer homófonos. Los plurales respectivos, sin embargo, son *leye* y *papele*, nunca **papeye* para este último, un detalle más que no favorece la identificación de las líquidas con la semivocal *j*.

Notas

1. Marrero et al. 1982 presentaron al mismo VI Simposio datos sobre la *r* implosiva en niños de dos instituciones escolares de Santiago de los Caballeros. Aunque con porcentajes diferentes, este estudio también mostró que la realización principal son las variantes tipo *r* (alrededor de un 80%), la menos importante la *l* (1%), y que las variantes semivocalizadas no tienen un porcentaje alto de frecuencia.
2. En el esquema siguiente, la *R*, *L* y *S* son abreviaciones de 'variantes tipo *l*, *r* y semivocal *i*, respectivamente'; ∅ representa el cero fonético e 'implos.' es la abreviación de 'en posición implosiva', o sea, posición silábica posnuclear. Los porcentajes de frecuencia de cada variante en diversos contextos aparecen en Rojas 1982.
3. Hadlich et al. 1968 emplea este término. Barrutia y Terrell 1982 y Dalbor 1980 insisten también en la posición alta de la lengua en la producción de las líquidas.
4. En los tratados como los de Harris 1969 y Chomsky y Halle 1968, la *l* y la *r* tienen el rasgo [−alto].
5. No voy a referirme al concepto de fuerza relativa de los segmentos, porque no creo que pueda explicar lo que ocurre en este dialecto. En casi todas las anatomías de escala de fuerzas, la *r* aparece como más fuerte que la *l*. Este dialecto, a lo más, no refrendaría esa escala, ya que la *l* sufre menos 'alteraciones' que la *r*. Sabemos sin embargo que en otros dialectos, podría probarse lo contrario—en algunos la igualación tiende a hacerse hacia una u otra de las líquidas. Núñez Cedeño 1982a mostró la poca relevancia del concepto de fuerza consonántica para el español de Villa Mella.
6. La regla es diferente si generamos la semivocal a partir de la palatal:

(7d) Semivocal: [de la *j* como origen]

$$\begin{bmatrix}-\text{sil}\\-\text{ant}\\-\text{retr}\end{bmatrix} \rightarrow \begin{bmatrix}+\text{son}\\-\text{cons}\\-\text{cor}\end{bmatrix}$$

7. Si el primitivo *forma* se segmenta en *form+a*, podría argüirse que la segmentación morfemática de estas palabras fuera *form+a+l* y *form+a+l+mente.* Los argumentos que siguen, sin embargo, no dependen de una u otra segmentación.

8. El caso del infinitivo, en que se aplica la elisión incluso cuando la palabra que sigue es vocal indicaría que sólo la palabra cuenta; pero en los casos de las partículas(*por, el*), sin variantes palatales o semivocalizadas, la palabra incluye a la partícula y al elemento que sigue.

A note on some historico-legal aspects of bilingualism in colonial Hispanic America

John Frederick Schwaller
Florida Atlantic University

The problem of bilingualism and multilingualism was a very real one in colonial Hispanic America. With the conquest of the New World by the Spanish, hundreds of different ethnic and linguistic traditions were immediately placed in contact with one another. In order to govern and Christianize this large area, the Spanish had to adopt some sort of language policy. As with much of the Hispanic legal tradition, the policy adopted consisted of many different, and often competing, attitudes. The two major orientations can be summarized as assimilation and association. Under the former, all of the indigenous peoples of the Americas were to be changed into good Spaniards and assimilated into Hispanic society. The latter dictated that the native peoples of America could maintain their own traditions, as long as these did not conflict directly with Spanish-Christian traditions.

The duality in the Spanish legal view of the polyethnic society was based in two overriding concerns. The more dominant was the need to Christianize the newly conquered lands. According to international law at the time, Spain's title to the Indies was based on her mission to Christianize the natives. Thus, if the natives were mistreated, or not Christianized, Spain's claim on her realm could be questioned. Yet according to the norms of Spanish Catholicism, the Indians had to embrace not only the faith, but all the other aspects of Spanish society as well. Initially the Reyes Católicos, but later monarchs as well, saw the need to create a homogeneous society. On the other hand, the second concern was an ancient principle by which the wretched of society needed protection the most. By extension, the Indians of the New World, indeed the most wretched, needed direct royal protection. This ultimately took the form of legislation which accorded the Indians a special place in the judicial system. It also carried with it the concomitant need to provide lawyers, interpreters, and other official functionaries just to deal with Indian cases. This ended with the creation of the Indian Court.

Within the corpus of Spanish law pertaining to the Indies, two sections deal most closely with language policy. As outlined above, they are those areas which deal with Christianization and with the judiciary. The *Recopilación de las leyes de Indias*, published in the seventeenth century, served as the basis for this investigation. A close study of these royal laws leaves the impression of a great deal of variation within what should be a unified theory of government. While the stated goal was the Hispanization of the Indians through Christianization, one of the essential laws of missionary activity was that parish priests be able to preach, teach, and hear confessions in the local Indian languages. The crown and clergy discovered early on that it would be far simpler for the priests to learn the Indian languages than for the millions of Indians to learn Spanish immediately.

Thus confronted with a multiethnic and multilinguistic society, the Spaniards attempted to minimize the confusion of languages. Taking their lead from the policies of the pre-Columbian Aztec, Mayan, and Incan civilizations, the Spanish resolved to create a bilingual society, based on the indigenous lingua franca of each of the various regions. Thus in central Mexico, Nahuatl came to be the dominant Indian tongue, as did Mayan in the Yucatan and Central America, and Quechua in the Andean highlands. In some regions this policy worked very well, especially where the pre-Columbian civilization had enforced linguistic homogeneity. In other regions, such as modern Paraguay, the policy also worked, reducing many seminomadic hunters and gatherers into settled communities where all spoke the local lingua franca, Guaraní.

Yet the missionaries who were achieving great success in the field, converting the Indians and learning their languages, came up against conflicting judicial requirements, especially those of the Holy Office of the Inquisition, which demanded that certain things, such as Scripture, not be translated into vernacular languages, including Spanish. More than this, certain concepts were best not translated, such as the Most Blessed Virgin Mary. Would not the practice of addressing her as *Tonantzin*, Nahuatl for Our Most Revered Mother, merely cause confusion and syncretism? While the basic policy with reference to the Christianization efforts dictated that the Indians be ultimately assimilated into Spanish society, the means whereby this end was achieved often included supporting the local linguistic tradition.

Within the judicial system one finds a similarly schizophrenic orientation. On the one hand, the Indian cultures were all subjugated under the dominant Spanish legal tradition, but each Indian group was allowed to maintain its own internal legal system, as long as it did not conflict with the Spanish legal system. Just as in the missionary realm, it became obvious that the Spanish would have to accommodate Indian languages. Furthermore, the courts created special procedures just to handle Indian cases. They also attempted the use of the local lingua franca. Within the General Indian Court of Mexico City, which handled cases from throughout central Mexico, there were interpreters for only two languages, Nahuatl and Otomi.

This bifurcated policy ultimately evolved into the creation of a dual system of government: the *República de los indios* and the *República de los españoles*. Under this system the local Indian communities were self-governing. Only those cases which involved a Spaniard were outside of the local community's first-instance jurisdiction. Most cases could be appealed to the Spanish legal system, but the community usually attempted to avoid that, since with appeal would come more control on the part of the Spanish over the inner workings of the Indian system.

The dual legal system was a protectionist one not unlike the later imperial systems of the British, conjuring up visions of the 'White Man's Burden' and Lord Lugard's policy of association in British West Africa. The natives just were not capable of understanding the European legal system, the thinking ran, so let them maintain their quaint systems while we protect their interests.

In the case of Hispanic America this benign paternalism ultimately became a genuine interest on the part of the Spanish. By the late seventeenth century, endowed chairs had been established in the Latin American universities for the study of the major Indian languages. Research and discussion were stimulated by curiosity in the colonies toward the Indian glory before the conquest and a desire to know how such a seemingly noble people sank so low following the conquest.

To sum up, the Spanish legal system in the New World dictated two conflicting policies toward language. On the one hand, the main policy required Christianization, and with it the adoption of all aspects of Spanish culture in order to maintain homogeneity. On the other, practical constraints demanded a more liberal policy. Once the second notion was adopted, then the legal system mandated that the Indians be protected. This protectionist theory then granted the Indians self-government under the paternalistic eye of the royal government.

'Yo vivo *es* en Caracas':
Un cambio sintáctico

Mercedes Sedano
Universidad Central de Venezuela
Instituto de Filología 'Andrés Bello'

0. Introducción. La finalidad de este trabajo es aportar información sobre el uso de claúsulas como (1) y (2) en el habla de Caracas.[1]

(1) . . . porque él cumplía años *era* en febrero. (537-I-B-M)[2]
(2) . . . aquí tenemos problemas *es* con la dotación del laboratorio . . . (536-II-M-H)

La estructura de estos enunciados, que en adelante llamaré ESTRUCTURA CON VERBO SER FOCALIZADOR o, más sencillamente, SF, consiste en una claúsula que lleva inserta en algún lugar del predicado la forma conjugada del verbo *ser.* La presencia de este verbo sirve para indicar que el elemento o el sintagma que le sigue inmediatamente en la correspondiente claúsula es el foco de la información, es decir, la parte que el hablante desea señalar como particularmente importante.

Sobre el uso de la estructura SF en las áreas hispanohablantes se conoce muy poco. Hasta donde llegan mis conocimientos, dicha estructura sólo es mencionada por Entwistle (1936:263) y Kany (1951:256). El primero de estos autores se limita a dar varios ejemplos de SF (*yo fui fue mar*; *lo hablaba era usted*), pero sin indicar ni la fuente de información ni el lugar donde se produce el fenómeno. Kany, un poco más explícito, documenta el uso de las SF en obras literarias de Ecuador, Panamá y Colombia; dice además este autor que Rosenblat, en una comunicación personal, le informa que ese tipo de construcciones se emplea también en la Venezuela Andina.

Con respecto a los autores que estudian de una forma u otra el español de Venezuela, sólo Obregón (1983:75), en una obra en la que trata la problemática de la enseñanza de la lengua materna en nuestro país, hace una breve referencia a la SF al señalar que construcciones como *salí fue ayer* se emplean en el habla 'popular' de Venezuela.

Curiosamente, la falta de información sobre el uso de la SF en Venezuela y, en particular en Caracas, contrasta con el empleo frecuente de la misma por parte de los hablantes nativos caraqueños en los últimos años. De ahí mi interés en describir el fenómeno.[3]

En la primera parte de este trabajo indicaré la metodología empleada; en la segunda, correlacionaré el empleo de la SF en Caracas con los factores extralingüísticos: edad, sexo, y nivel socioeconómico de los hablantes; en la última parte, señalaré las conclusiones más relevantes de esta investigación.

1. Metodología. Para realizar este trabajo me he servido de un corpus que consta de setenta grabaciones de media hora cada una, realizadas durante el año 1977 a hablantes nativos caraqueños (35 hombres y 35 mujeres) pertenecientes a dos grupos generacionales distintos y a tres niveles socioeconómicos diferentes.[4] El estilo empleado en estas grabaciones es generalmente *careful* 'cuidadoso' aunque a veces pasa a *casual* 'familiar' (Labov 1972). El estilo no ha sido incluido en los factores sujetos a análisis. La distribución de los hablantes se puede apreciar en el Cuadro 1.

Cuadro 1. Distribución de hablantes del corpus según edad, sexo y nivel socioeconómico.

Nivel socioeconómico:	Nivel bajo		Nivel medio		Nivel alto	
Sexo:	H	M	H	M	H	M
Grupo generacional 1:	6	6	5	6	6	5
Grupo generacional 2:	6	6	6	6	6	6

Una vez establecido el corpus en que se basa este trabajo, localicé en él las estructuras SF y después correlacioné el uso de las mismas con los factores extralingüísticos señalados en la Introducción.

2. La estructura SF y los factores extralingüísticos. En esta sección expondré los resultados obtenidos al correlacionar el uso de la estructura SF en el corpus A con la edad, el sexo y el nivel socioeconómico de los hablantes. El Gráfico 1 refleja el empleo de la SF de acuerdo al factor socioeconómico.

Gráfico 1. Hablantes SF según nivel socioeconómico.

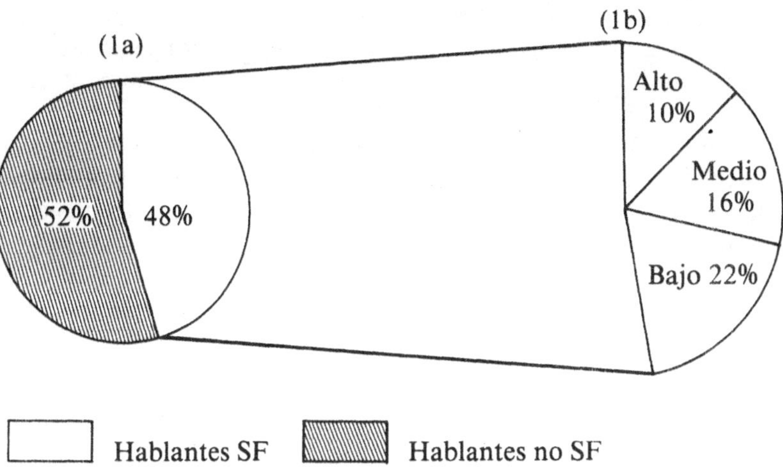

El gráfico (1a) indica que de los 70 hablantes incluidos en la muestra, el 48% utiliza la estructura SF. En el gráfico (1b), que es simplemente una ampliación de la zona no rayada situada en (1a), puede apreciarse la distribución de ese 48% de acuerdo al nivel socioeconómico de los hablantes: 10% en el nivel alto, 16% en el nivel medio y 22% en el nivel bajo. De estos datos podemos deducir que el uso de la SF es inversamente proporcional al nivel socioeconómico: cuanto más alto es éste, tanto más baja es la aparición de estructuras SF y viceversa.

Cabe añadir que en el análisis de la estructura SF es importante determinar no sólo el nivel socioeconómico de los hablantes que la emplean sino también la frecuencia con que lo hacen. Para determinar dicha frecuencia, dividí el número de estructuras SF encontradas en el corpus (63) por el número de sus usuarios (34), según muestra el Cuadro 2.

Cuadro 2. Factor socioeconómico y frequencia de uso de la estructura SF en los hablantes que la utilizan.

Nivel socioeconómico:	Alto	Medio	Bajo	Total
Estructuras SF	8	15	40	63
Hablantes SF	7	11	16	34
Indice por hablante	1.1	1.3	2.5	1.8

Los resultados que aparecen en este cuadro muestran que los hablantes de nivel bajo que utilizan la estructura SF recurren a ella con mayor frecuencia que los hablantes de los otros niveles, sobre todo los de nivel alto; en efecto, mientras el índice de uso de la estructura SF por persona en el nivel bajo es de 2.5, en el nivel medio es de 1.3 y en el nivel alto, de 1.1.[5]

Apoyados en los datos que aparacen en el Gráfico 1 y en el Cuadro 2 podemos concluir entonces que, a medida que desciende el nivel socioeconómico, aumenta el porcentaje de hablantes SF y también la frecuencia de uso de dicha estructura por hablante.

Al correlacionar el empleo de la estructura SF con la edad de los hablantes, se obtienen los resultados que aparecen en los Cuadros 3 y 4, y en el Gráfico 2.

Cuadro 3. Hablantes SF según edad.

Grupo generacional:	1	2	% diferencia
Hablantes SF	20	14	
Total hablantes	34	36	
% hablantes SF	59%	39%	20%

En el Cuadro 3 se señala un 20% de diferencia en el uso de la estructura SF por parte de la generación más joven en relación al otro grupo generacional. Este dato parece indicar de nuevo que nos encontramos ante un cambio lingüístico en avance.

Cuadro 4. Hablantes SF según edad y nivel socioeconómico.

Grupo generacional:	1			2		
Nivel socioeconómico:	Alto	Medio	Bajo	Alto	Medio	Bajo
Hablantes SF	5	7	8	2	4	8
% hablantes SF	45%	64%	67%	17%	33%	67%

Gráfico 2. Hablantes SF según edad y nivel socioeconómico.

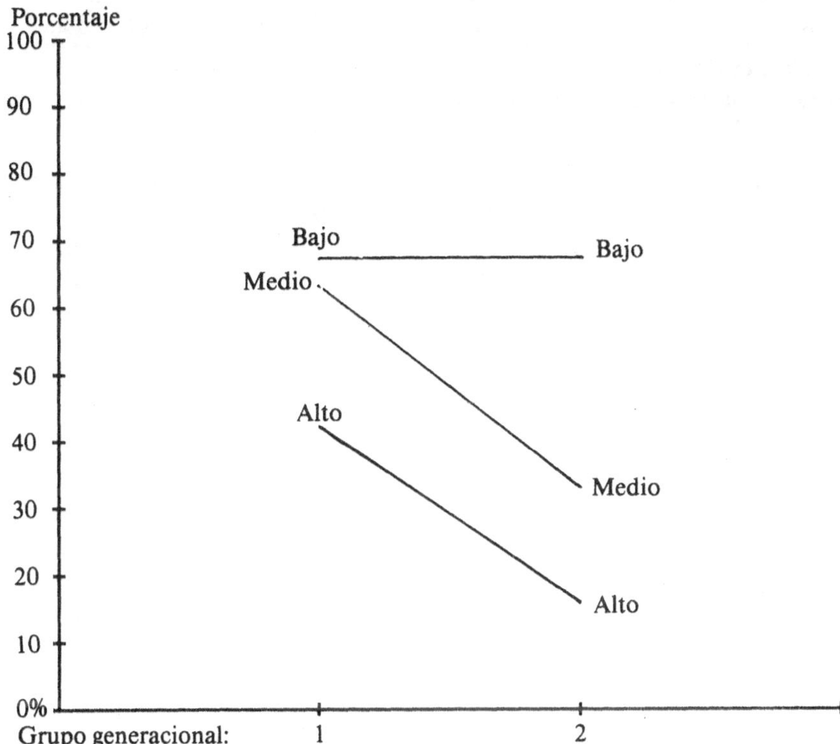

En el Cuadro 4 y el Gráfico 2 se puede apreciar que el factor edad no influye en el nivel bajo; prueba de ello es que el porcentaje de hablantes SF en ese nivel es el mismo en ambos grupos generacionales (67%). La edad sí condiciona, en cambio, el empleo de la estructura SF en los niveles medio y alto: en el nivel medio, el porcentaje de hablantes SF aumenta considerablemente en el grupo más joven (64% en el GG1 contra 33% en el GG2), y otro tanto ocurre en el nivel alto, donde la diferencia en los porcentajes (45% en el GG1 contra 17% en el GG2) es por demás significativa.

Es imporante señalar la fuerza con que se difunde el uso de la estructura SF entre los hablantes del nivel alto porque, como lo demuestra Labov (1972), las formas lingüísticas empleadas por los integrantes de ese nivel están dotadas de prestigio social. En base a esto se podría predecir que si los hablantes de nivel alto empiezan a hacer uso frecuente de la estructura SF, el empleo de la misma se verá sin duda incrementado en los otros niveles socioeconómicos.

La correlación entre el empleo de la SF y el factor sexo puede apreciarse en los Cuadros 5, 6 y 7.

Cuadro 5. Hablantes SF según sexo.

Sexo:	Hombres		Mujeres		% diferencia
Hablantes SF	19	58%	15	45%	13%
Total hablantes	33		33		

En el Cuadro 5 podemos observar que el porcentaje de hombre SF (58%) es superior al de mujeres SF (45%). La diferencia en los porcentajes (13%), que no es demasiado significativa si nos atenemos a los hechos globales, adquiere particular relevancia cuando correlacionamos el empleo de la SF con el sexo y la edad de los hablantes. Veamos al respecto el Cuadro 6.

Cuadro 6. Hablantes SF según sexo y edad.

Sexo:	Hombres		Mujeres	
Grupo generacional:	1	2	1	2
Hablantes SF	9	10	11	4
Total hablantes	17	18	17	18
% hablantes:	53%	56%	65%	22%

En esto cuadro podemos notar que mientras el porcentaje de hombres SF es bastante parecido en ambos grupos generacionales (53% en el GG1 y 56% en el GG2), no ocurre lo mismo con las mujeres (65% en el GG1 y 22% en el GG2). Para analizar con más detalle esta distribución tan disímil, correlacionemos ahora el empleo de la estructura SF con los tres factores extralingüísticos contemplados en este análisis: sexo, edad y nivel socioeconómico.

Cuadro 7. Hablantes SF según sexo, edad, y nivel socioeconómico.

Sexo:	Hombres			Mujeres		
Nivel socioeconómico:	Alto	Medio	Bajo	Alto	Medio	Bajo
Grupo generacional 1:						
Hablantes SF	2	3	4	3	4	4
Total hablantes SF	6	5	6	5	6	6
% hablantes SF	33%	60%	67%	60%	67%	67%
Grupo generacional 2:						
Hablantes SF	1	4	5	1	0	3
Total hablantes SF	6	6	6	6	6	6
% hablantes SF	17%	67%	83%	17%	0	50%

Gráfico 3. Hablantes SF según sexo, edad y nivel socioeconómico.

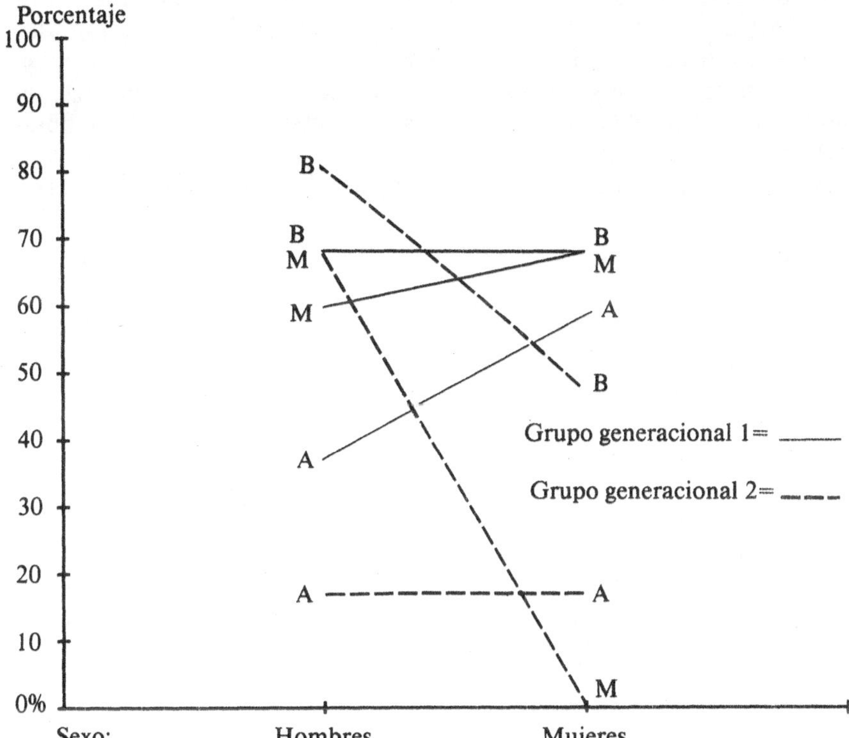

En el Cuadro 7 y el Gráfico 3 podemos observar lo siguiente: (1) En los hombres, el factor que más influye en el uso de la estructura SF es el nivel socioeconómico y, en segundo lugar, la edad. En efecto, mientras los hombres de los niveles medio y bajo, independientemente del grupo generacional al que pertenezcan, utilizan la estructura SF en un porcentaje no inferior al 60%, en los hombres de nivel alto el porcentaje disminuye considerablemente. En cuanto a la edad, ocurre un fenómeno curioso: en los niveles medio y bajo hay porcentualmente menos hombres SF en el GG1 (60% en el nivel medio y 67% en el nivel bajo) que en el GG2 (67% en el nivel medio y 83% en el nivel bajo): en el nivel alto, por el contrario, los hombres SF del GG1 (33%) superan considerablemente a los del GG2 (17%).

(2) En las mujeres, el factor que más influye en el uso de la estructura SF es la edad y, en segundo lugar, el nivel socioeconómico. Así, mientras las mujeres del GG1, independientemente del nivel socioeconómico al que pertenezcan, utilizan la estructura SF en un porcentaje no inferior al 60%, en el GG2 el porcentaje de mujeres SF disminuye hasta alcanzar 50% en el nivel bajo, 17% en el nivel alto, y 0% en el nivel medio.

Los datos revelan, pues, que dentro del corpus, los hablantes más innovadores, es decir, los que más usan la estructura SF, son los hombres de nivel bajo y medio, sin importar la edad, y las mujeres del GG1, sin importar el nivel socioeconómico. Los más conservadores son los hombres de nivel alto de ambos grupos generacionales y, sobre todo, las mujeres de los niveles medio y alto del GG2.[6] Cabe señalar, finalmente, que si bien los hombres SF del nivel alto son bastante conservadores, existe una clara tendencia al uso de la estructura SF por parte de los hablantes jóvenes de ese nivel.

3. Conclusiones. Los datos obtenidos en esta investigación nos permiten llegar a las siguientes conclusiones tentativas: (1) El empleo de la estructura SF en el habla de Caracas parece constituir un cambio lingüístico en avance. Los datos en que se apoya esta hipótesis son los que señalan que los hablantes SF del GG1 superan en una proporción considerable a los hablantes del grupo generacional de más edad. (2) Existe una estrecha correlación entre el uso de la estructura SF y factores extralingüísticos tales como la edad, el sexo y el nivel socioeconómico de los hablantes.

Lo más relevante de este análisis parece ser que el uso de la estructura SF en el habla de Caracas se va extendiendo desde el nivel bajo hacia los otros niveles. En la difusión de dicha estructura podría estar influyendo favorablemente el empleo de la misma por parte de los hablantes jóvenes—sobre todo las mujeres—del nivel alto, lo que pasaría a convertirla en una forma lingüística socialmente aceptada dentro de la comunidad caraqueña.

Planteo como hipótesis la posibilidad de que el uso de la estructura SF en Caracas esté siendo estimulado por la presencia en la capital venezolana de un gran número de inmigrantes procedentes de Ecuador y Colombia, países en los que Kany (1970) documenta el empleo de dicha estructura.[7]

Para finalizar, sólo me queda esperar que nuevas grabaciones, las cuales se proyecta realizar en 1987, diez años después de efectuarse aquellas en que se basa nuestro corpus, arrojen luz sobre la evolución de la estructura SF en el habla de Caracas y, por ende, sobre los mecanismos del cambio lingüístico en general.

3. Este trabajo forma parte de una investigación más amplia en la que se analizan no sólo los factores extralingüísticos relacionados con el uso de la estructura SF en el habla de Caracas, sino también las características estrictamente lingüísticas de dicha estructura y su relación con las llamadas claúsulas seudo-hendidas.

4. Las grabaciones que constituyen este corpus pertenecen al archivo del Instituto de Filología 'Andrés Bello' y forman parte del material para el estudio sociolingüístico del habla de Caracas. Para determinar el nivel socioeconómico de los informantes utilicé los criterios establecidos por los investigadores Bentivoglio, D'Introno y Sosa (1977): (a) ocupación del in-

formante y de sus padres; (b) educación; (c) valor de la vivienda; (d) ingreso total del grupo familiar; (e) ingreso promedio.

Notas

Mi agradecimiento a Paola Bentivoglio por su incomparable ayuda en todos los aspectos de este trabajo. Gracias también a María Teresa Rojas por su lectura crítica y sus valiosos consejos. Lo que de positivo pueda haber en este informe se lo debo a ellas; lo negativo, por supuesto, es de mi entera responsabilidad.

1. Abreviaturas: Estructura con verbo *ser* focalizador (SF); Hablantes que utilizan la estructura SF: Hablantes SF; Grupo generacional 1: de 15 a 29 años; Grupo generacional 2: de 30 a 45 años; Nivel socioeconómico: Alto (A), Medio (M), Bajo (B); Sexo: Hombre (H), Mujer (M).

2. Detrás de las claúsulas (1) y (2), y entre paréntesis, se suministra una información que viene dada, de izquierda a derecha, por el orden en que aparecen los datos: cifra identificadora del hablante, grupo generacional al que pertenece, nivel socioeconómico y sexo.

5. Si exceptuamos al hablante 502, que durante la media hora de grabación utilizó seis veces la estructura SF, los otros hablantes de ese nivel se acercaron bastante a la media de 2.5.

6. A manera de hipótesis se podría explicar el comportamiento de las mujeres del GG2 y, en particular, las de nivel medio, diciendo que a partir de cierta edad—en nuestro corpus, los 30 años—las mujeres son más sensibles que los hombres hacia formas lingüísticas cargadas de valor social. Puesto que el año en que fueron efectuadas las grabaciones, los datos indican que la estructura SF era utilizada sobre todo por los hablantes de nivel bajo, es posible que las mujeres del GG2 asociaran el empleo de dicha estructura con el habla de los niveles bajos. Y si, como parece haber confirmado Labov (1972), las personas de nivel socioeconómico medio se preocupan más que las de ningún otro por seguir pautas lingüísticas socialmente bien valoradas, resulta casi natural que sean las mujeres de ese nivel las únicas que no emplean la estructura SF.

7. Una breve encuesta realizada en veinte hogares de una urbanización caraqueña de nivel medio y alto demuestra que de las veinticuatro empleadas domésticas que se desempeñan en dichos hogares, el 71% son colombianas, el 21% ecuatorianas, y hay un 8% de antillanas. Es posible que el contacto entre esas empleadas y los caraqueños jóvenes en cuyas casas trabajan, haya estímulado en ellos el uso de la estructura SF.

Social history of the term *mestizo* in the Caribbean

Thomas M. Stephens
Rutgers University

1. Introduction. The historical trajections of the various racial terms current in Latin American were directly influenced by culture, social customs, and historical events, and thus provide insights into the opinions and prejudices of the people at a given time. In general, one can study race from a biological, cultural, linguistic, or psychological standpoint (cf. Caso 1948:245). In certain contexts, *mestizo* can even refer to a person whose speech is characterized by the manner in which he uses 'indigenismos' (Grace 1980:115). In this study, 'race' and 'racial' refer to the physical, social, religious, and ethnic characteristics of a human being.

Investigation of the term *mestizo* requires a discussion of racial mixing. We will see, however, that there is much more than just reference to racial mixtures involved in the history of *mestizo* in the Caribbean.

Every cultural group makes classifications of natural phenomena according to its own traditions. With reference to racial classification, some scholars, including Mörner (1967:57) and Aguirre Beltrán (1946:72), believe that socioracial terms always reflect the scornful attitudes of the speakers. Similarly, Kany (1960:34) has related the use of racial nicknames to slang while implying that disparagement is a part of humor which derives its sources from natural human rivalries and competition between human groups. Both of these ideas can be demonstrated here.

2. Latin American overview. To be sure, each region of Latin America experienced its own problems vis-à-vis racial categorization (cf. Mellafe 1964, 1975). There has been gross overlap in categories, creating a multifaceted patchwork of terms. In this conglomeration of so-called 'Spanish' terms, polysemy and synonymy have been the rule, not the exception. Pitt-Rivers (1968:270) noted that a person 'may be defined as Negro in one place, but simply *moreno, triqueño, canela,* or even white in another.' This is likewise the case with *mestizo,* which has had a variety of meanings since the sixteenth century.

At first glance racial categories may appear to form a unified semantic field. Upon closer observation, we encounter much diversification and ambiguity within the various sets. Span. *pardo* in the fourteenth and fifteenth centuries referred to 'a person of mixed parentage, one white and the other black', i.e., a mulatto.[1] By the early sixteenth century, *pardo* was simply 'a person with dark skin.' As the migrations to America began, *pardo* became 'anyone having black African ancestry.' Ultimately, in parts of Spanish America the expression has come to be used as a euphemism in order to avoid the term *mulato,* its more or less original synonym.

As an example of how synonymous racial terms exist or have existed in American Spanish, let us look at the meaning or idea 'offspring of a white and an Amerindian':[2]

caboclo (Brazil)
castizo (Colombia)
chino (Argentina, Paraguay, Uruguay)
cholo (Argentina, Bolivia, Chile, Colombia, Ecuador, Peru)
cobrizo (Nicaragua)
coyote (Mexico, Guatemala)
curiboca (Brazil)
ladino (Spanish America)
mameluco (Brazil)
mestiço (Brazil)
mestizo blanco (Mexico, Guatemala)
moreno (Mexico)
pardo (Brazil, Spanish America)
trigueño (Mexico, Nicaragua)
vecino ladino (northern Central America)

Clearly, all of these terms were not used at the same time—some were used in the colonial period, but are no longer current today. That is to say, a term became taboo and was replaced by a euphemism (cf. Ullmann 1962:87), which then caused an adjustment in the meaning of the substitute (cf. English *undertaker* for *mortician*). Alternately, the term simply fell in disuse since it was no longer needed for the purpose of racial classification.

3. The roots of *mestizo* and other Caribbean meanings. *Mestizo* is derived from a Late Latin form *mixticius,* or *misticius,* found in both St. Jerome and St. Isidore (Corominas 1954-57.3:316 and 1973:395). In Old Provençal poetry, the derivative *mestitz* had the meaning 'bad, low, evil.' In a *pastourelle* poem by Marcabru, a mid-thirteenth century Provençal troubadour, we find the main 'characters,' a knight and a shepherdess. In the formula of this genre, the knight attempts to seduce the young woman, whom he refers to as a *pastora mestissa* 'shepherdess of lowly birth' (Goldin 1983:70-71). The term also exists in modern French *mêtis* 'mixed, mixed blood,' often used pejoratively.

The early Spanish denotation was 'person born to parents of different races,' at first perhaps a Spaniard and a Moor, but by the sixteenth century the term was applied to one born to a white and an Indian, especially in Mexico (Alonso 1958.2:2807; Boyd-Bowman 1971:585). It was also in use early in Puerto Rico, around 1579 (Alvarez Nazario 1982:191). This usage is corroborated in Italian *mestizo, mestizzo,* or *mestrizio,* attested ca. 1585 (Zaccaria 1927:271-72).

Mestizo with the meaning 'offspring of a white and an Indian' has certainly persisted in parts of Latin America, where there still is a sizable number of Indians coexisting with whites, e.g., in Mexico, Brazil, Central America, and northwestern South America. Soon after the arrival of Europeans to the West Indies, however, Indians were wiped out by diseases, Europeans, or intermarriage (Wiarda 1969:71). Early on, there were white/Indian mestizos in the Hispanic Caribbean: in the Dominican Republic (Exquemelin 1684: chap. 3; Wiarda 1969:71-76), in Cuba and Puerto Rico (Alvarez Nazario 1974:354), and along the Caribbean coast of South America (Solaún and Kronus 1973).

By the mid to late sixteenth century, the white/Indian mestizo type gave way to other racial types in the Caribbean, as a result of the historical and social events which took place there, specifically the arrival of black slaves to replace the lost Indian workforce (Wiarda 1969:71, 75). We see: the *negro,* generally 'a black slave'; the *prieto* (cf. Brazilian Portuguese *preto*), also 'a black person', but often more pejorative than *negro*; the *zambo,* 'the offspring of a black and an Indian or a black and a mestizo'; the *mulato,* 'the offspring of a black and a white'; the *moreno,* often a euphenism for *negro* or *zambo* and generally used to refer to any dark-skinned person.

Interestingly, in other parts of the Caribbean, the word took on other meanings. In the English Caribbean, especially Jamaica, we find: *mustee, mustifino, mustifee,* all of which mean more or less 'a light-skinned person of mixed race' (Reuter 1918:13; Cassidy 1961:162).

In the French Caribbean, including French-speaking Louisiana, Haiti, and the rest of the French Antilles, one finds *mêtis, mêtif,* both of which mean 'offspring of a white and a quadroon,' called *octoroon* in American English, during the colonial period up until the eighteenth century (Reuter 1918:12; Aguirre Beltrán 1972:178). In Curaçao, one chances upon *mestiezen,* which meant 'any nonwhite serving in the military' during the late eighteenth century (Hoetink 1973:26).

If these changes took place in other languages, then cognates in the Hispanic Caribbean may show a similar semantic evolution as, for example:

in colonial to eighteenth century Puerto Rico, 'offspring of a white and a quadroon' (Alvarez Nazario 1974:354); in colonial Cuba, 'offspring of a white and a black' (Woodbridge 1948:358); in other parts of colonial South America, 'anyone with some Indian blood' (Romero 1944:375).

Moreover, by the mid–sixteenth century, the term *mestizo* had in many instances acquired the connotation 'illegitimate,' since interracial contact during the colonial period was necessarily extramarital. In most cases it was illegal to marry someone of another race (Solaún and Kronus 1973:50; also Chance and Taylor 1977:463). This was true in spite of the fact that the mestizo was considered by most Europeans to be the 'best mixture' found in America (Mörner 1967:43).

Other meanings for *mestizo* found in the Hispanic Caribbean include: (1) 'any person of mixed race, usually white and Indian', colonial-eighteenth century (Woodbridge 1948:348; Gibson 1966:116); (2) 'offspring of a white and a quadroon', Puerto Rico, colonial-late eighteenth century (Alvarez Nazario 1974:354); (3) 'a mulatto, or offspring of a white and a black', Cuba and the Dominican Republic, colonial-twentieth century (Vandiver 1949:143); (4) 'offspring of a white/black, a Chinese/black, or a Chinese/mulatto combination', Cuba, twentieth century (Vandiver 1949:143).

These definitions show the vagaries induced by a changing system of social standards within which *mestizo* developed and changed. It is probable, for example, that *mestizo* is used instead of *mulato* in the Dominican Republic today since in most contexts the former refers to a lighter type of skin color. This use of *mestizo* is similar to that of *trigueño* in Puerto Rico. Someone who is called *mulato* in Cuba may be called *trigueño* in Puerto Rico or *mestizo* in the Dominican Republic.

We can also see within the present meanings that the oldest definition, 'one of mixed race,' is still in use in Latin America to refer generically to anyone or anything of mixed race or type. Consequently, in Puerto Rico, a *mestiza* is a type of medium-sized hen which is also a good layer of eggs (Malaret 1967:219–20).

4. Final statements. The term *mestizo* evolved in a situation of great confusion, when 'noise in the system' was an advantage to those who were not 'privileged' to be born white. We have noted cases in which one term was used in place of another to cover up the racial background of a person.

The arrival of black slaves in America also caused a rearrangement of the nomenclature system and broadened its scope. Today the term *mestizo* is used in many distinct and important situations, generally as a generic term for any person of mixed race (Moreno Navarro 1973:78).

Clearly, the Caribbean use has crossed language boundaries. The French, English, and Dutch uses correspond generally to what we find in the Hispanic Caribbean, with variation in the amount of disparagement.

It would be difficult to decide which was the 'parent' language of use for the term *mestizo*, but from the evidence it would appear that Spanish is the language of dissemination in the Caribbean, at least from a semantic viewpoint. In Spanish, it is certainly one of the racial terms which is of greatest incidence in America. This is in part true because *mestizo* does not necessarily refer to any specific phenotypical traits and is thus not necessarily perceived as pejorative.

Notes

1. There were blacks in Spain and Portugal during this period. Sub-Saharan blacks were introduced there by Arabs, Jewish slavers, and mid-fifteenth century Portuguese slave traders. For more in-depth information, see Aguirre Beltrán (1972), Gibson (1966), and Romero (1944).
2. I have included racial terms from Brazilian Portugese for comparison. Both Woodbridge (1948) and Mörner (1967) present some of the hundreds of terms found in Brazil. Note that these terms are not necessarily limited in use to one era but rather range from the colonial period to the present day.

References

Aguirre Beltrán, Gonzalo. 1946. La población negra de México, 1519–1810: Estudio etnohistórico. México: Fuente Cultural.

Aguirre Beltrán, Gonzalo. 1972. La población negra de México: Estudio etnohistórico. 2 ed. México: Fondo de Cultura Económica.

Alba, Orlando, ed. 1982. El español del Caribe. Santiago [República Dominicana]: Universidad Católica Madre y Maestra.

Alcina Franch, Juan, and José Manuel Blecua. 1975. Gramática española. Barcelona: Ariel.

Alleyne, Mervyn. 1971. Acculturation and the cultural matrix of creolization. In: Dell Hymes, ed. 1971. 169–186.

Alonso, Amado, and Pedro Henríquez Ureña. 1967. Gramática castellana: Segundo curso. 22 ed. Buenos Aires: Losada.

Alonso, Martín. 1958. Enciclopedia del idioma: Diccionario histórico y moderno de la lengua española (siglos XII al XX), etimológico, tecnológico, regional e hispanoamericano. 3 vols. Madrid: Aguilar.

Alvar, Manuel. 1981. Español, castellano, lenguas indígenas (actitudes lingüísticas en Guatemala suboccidental). Logos semantikos: Studia linguistica in honorem Eugenio Coseriu. Vol. 5. Madrid: Gredos. 393–406.

Alvar, Manuel. 1982. Español e inglés: Actitudes lingüísticas en Puerto Rico. Revista de Filología Española 62.1–38.

Alvarez Nazario, Manuel. 1961. (2 ed., 1974). El elemento afronegroide en el español de Puerto Rico: Contribución al estudio del negro en América. San Juan: Instituto de Cultura Puertorriqueña.

Alvarez Nazario, Manuel. 1982. Orígenes y desarrollo del español en Puerto Rico (siglos XVI y XVII). Río Piedras: Universidad de Puerto Rico.

Anderson, Stephen R. 1969. West Scandinavian vowel systems and the ordering of phonological rules. Ph.D. thesis, MIT.

Baguena Corella, Luis. 1950. Guinea. Madrid: Instituto de Estudios Africanos.

Bailey, Nathalie, Carolyn Madden, and Stephen D. Krashen. 1974. Is there a "natural sequence" in adult second language learning? Language Learning 24.235–243.

Barrena, Natalio. 1957. Gramática annobonesa. Madrid: Instituto de Estudios Africanos.

Barrutia, Richard, and Tracy D. Terrell. 1982. Fonética y fonología españolas. New York: Wiley.

Bentivoglio, Paola. 1988. La posición del sujeto en el expañol de Caracas: Un análisis de los factores lingüísticos y extralingüísticos. In this volume.

Bentivoglio, Paola, and Francesco D'Introno. 1977. Análisis sociolingüístico del dequeísmo en el habla de Caracas. Boletín de la Academia Puertorriqueña de la Lengua Española 5.58–81.

Bentivoglio, Paola, Francesco D'Introno, and Juan M. Sosa. 1977. Proyecto de investigación para un análisis sociolingüístico del habla de Caracas. Unpublished MS, Universidad Central de Venezuela.

Bentivoglio, Paola, and E. Weber. 1983. Subject verb word order variables in presentative clauses in Spanish. Paper presented at NWAVE-12, Université de Montréal.

Bentivoglio, Paola, and E. Weber. 1984. A functional approach to subject word order in spoken Spanish. Paper presented at the Fourteenth Symposium on Romance Languages, University of Southern California, Los Angeles.

Bickerton, Derek. 1977. Pidginization and creolization: Language acquisition and language universals. In: Albert Valdman, ed. 1977. 45–69.

Bickerton, Derek, and Aquiles Escalante. 1970. Palenquero: A Spanish-based creole of northern Colombia. Lingua 24.254–267.

Bierwisch, Manfred. 1965. Grammatik des deutschen verbs. Studia Grammatica 2. Berlin: Akademie.

Bjarkman, Peter C. 1976. Natural phonology and loanword phonology (with examples from Miami Cuban Spanish). Ph.D. thesis, University of Florida.

Bolinger, Dwight. 1982. Nondeclaratives from an intonational standpoint. In: Papers from parasession on declaratives. Edd. Robin Schneider, Kevin Tuite, and Robert Chametzky. Chicago: Chicago Linguistic Society. 1–22.

Bordelois, Ivonne. 1974. The grammar of Spanish causative complements. Ph.D. thesis, MIT.

Boyd-Bowman, Peter. 1971. Léxico hispanoamericano del siglo XVI. London: Tamesis.

Brame, Michael K., and Ivonne Bordelois. 1973. Vocalic alternations in Spanish. Linguistic Inquiry 4.111–168.

Brame, Michael K., and Ivonne Bordelois. 1974. Some controversial questions in Spanish phonology. Linguistic Inquiry 5.282–298.

Calbris, Gerard. 1978. Nasales et orales dites correspondantes. International Review of Applied Linguistics in Language Teaching 16.297–312.

Cámara Barbachano, Fernando. 1964. El mestizaje en México: Planteamiento sobre problemáticas socioculturales. Revista de Indias 24.27–85.

Campbell, Joe R., Mark G. Goldin, and Mary Clayton Wang, edd. 1974. Linguistic studies in Romance languages. Washington: Georgetown University Press.

Canfield, D. Lincoln. 1981. Spanish pronunciation in the Americas. Chicago: University of Chicago Press.

Caso, Alfonso. 1948. Definición del indio y de lo indio. América Indídigena 8.239–247.

Cassidy, Frederic G. 1961. Jamaica talk: Three hundred years of the English language in Jamaica. London: Macmillan.

Castellano, Juan. 1961. El negro esclavo en el entremés del siglo de oro. Hispania 44.55–65.

Castillo Barrill, Manuel. 1969. La influencia de las lenguas nativas en el español de Guinea. Archivo de Estudios Africanos 20.46–71.

Cedegren, Henrietta. 1973. The interplay of social and linguistic factors in Panama. Ph.D. thesis, Cornell University.

Chance, John K., and William B. Taylor. 1977. Estate and class in a colonial city: Oaxaca in 1792. Comparative Studies in Society and History 19.454–487.

Chasca, Edmund de. 1946. The phonology of the speech of the Negroes in early Spanish drama. Hispanic Review 14.322–330.

Chela Flores, Godsuno. 1980. Fonética y fonología contemporáneas y la dialectología del Caribe Hispánico. Trabajo de ascenso, Universidad del Zulia [Venezuela].

Chomsky, Noam. 1957. Syntactic structures. The Hague: Mouton.

Chomsky, Noam. 1965. Aspects of the theory of syntax. Cambridge: MIT Press.

Chomsky, Noam, and Morris Halle. 1968. The sound pattern of English. New York: Harper and Row.

Contreras, Heles. 1976. A theory of word order with special reference to Spanish. Amsterdam: North-Holland.

Cooper, Robert L., ed. 1975. International Journal of the Sociology of Language 3. Language Attitudes I.

Cooper, Robert L., ed. 1976. International Journal of the Sociology of Language 6. Language Attitudes II.

Corder, S. Pit. 1967. The significance of learners' errors. International Review of Applied Linguistics 4.161–170.

Corominas, Juan. 1954–1957. Diccionario crítico etimológico de la lengua castellana. 4 vols. Bern: Francke.

Corominas, Juan. 1973. Breve diccionario etimológico de la lengua castellana. 3 ed. Madrid. Gredos.

Cressey, William W. 1966. A transformational analysis of the relative clause in urban Mexican Spanish. Ph.D. thesis, University of Illinois.

Cressey, William W. 1980. Sobre la abstracción en la fonología generativa y ciertos fenómenos del castellano. In: La estructura fónica de la lengua castellana. Ed. Jorge Guitart and Joaquín Roy. Barcelona: Anagrama. 113–138.

Crothers, John. 1978. Typology and universals of vowel systems. Universals of human language. Ed. Joseph H. Greenberg. Stanford, Calif.: Stanford University Press. 2.93–152.

Cuervo, Rufino J. 1927. El castellano en América. Buenos Aires: Ateneo.

Cuervo, Rufino J. 1950. Sobre el carácter del infinitivo. Disquisiciones sobre filología castellana. Bogotá: Caro y Cuervo.

Dalbor, John D. 1980. Spanish pronunciation: Theory and practice. New York: Holt, Rinehart and Winston.

Dalgado, Sebastião Rodolpho. 1900a. O dialecto indo-português de Goa. Revista Lusitana 6.63–84.

Dalgado, Sebastião Rodolpho. 1900b. O dialecto indo-português de Ceilão. Lisboa: Imp. Nacional.

Dalgado, Sebastião Rodolpho. 1903. O dialecto indo-português de Damã. Lisboa: Imp. Nacional.

Dalgado, Sebastião Rodolpho. 1906. O dialecto indo-português do Norte. Revista Lusitana 9.142–166, 193–228.

Díaz-Guerrero, Rogelio, and Miguel Salas. 1975. El diferencial semántico del idioma español. Mexico City: Trillas.

Díaz Padilla, José. 1971. Estudio sobre la actitud de un grupo de estudiantes de la escuela secundaria pública hacia el aprendizaje del inglés. Unpublished MS, Facultad de Pedagogía, Universidad de Puerto Rico.

Dinnsen, Daniel A., and Jean Charles-Luce. 1984. Phonological neutralization, phonetic implementation and individual differences. Journal of Phonetics 12.44–60.

D'Introno, Francesco, Nelson Rojas, and Juan Sosa. 1979. Estudio sociolingüístico de las líquidas en posición final de sílaba y final de palabra en el español de Caracas. Boletín de la Academia Puertorriqueña de la Lengua Española 7.2:59–100.

Drolet, Patricia. 1980. The Congo ritual of northeastern Panama: An Afro-American expressive structure of cultural adaptation. Ph.D. thesis, University of Illinois.

Dulay, Heidi C., and Marina K. Burt. 1972. Goofing: An indicator of children's second language learning strategies. Language Learning 22.235–251.

Dulay, Heidi C., and Marina K. Burt. 1973. Should we teach children syntax? Language Learning 23.245–258.

Duncan, S. 1983. Cheap ship tricks: A preliminary study of some English phonological difficulties of language minority children and their relationship to reading achievement. San Rafael, Calif: DeAvila, Duncan and Associates.

Edwards, Allen L. 1967. Techniques of attitude scale construction. New York: Appleton-Century Crofts.

Entwistle, William J. 1936. The Spanish language, together with Portuguese, Catalan and Basque. London: Faber and Faber.

Escalante, Aquiles. 1954. Notas sobre el palenque de San Basilio, una comunidad negra en Colombia. Divulgaciones Etnológicas [Barranquilla] 3.5:207–359.

Estupiñán Tello, Julio. 1967. El negro en Esmeraldas. Quito: Casa de Cultura Ecuatoriana.

Exquemelin, Alexandre Olivier. 1684. The buccaneers of America. Verbatim reprint of the 2nd edition of the English translation. New York: Dutton, 1924.

Fant, Lars. 1980. Prosody versus intonation. Reports from Uppsala University Department of Linguistics 6.

Fathman, Ann K. 1975. Language background, age and the order of acquisition of English structures. In: New directions in second language learning, teaching, and bilingual education. Edd. Heidi C. Dulay and Marina K. Burt. Washington: TESOL. 33–43.

Ferguson, Charles A., and Charles E. de Bose. 1977. Simplified registers, broken language, and pidginization. In: Albert Valdman, ed. 1977. 99–125.

Fernández, P. 1951. Diccionario español-kômbè. Madrid: Instituto de Estudios Africanos.

Foley, James A. 1965. Spanish morphology. Ph.D. thesis, MIT.

Franceschi, Víctor. 1960. Los negros congos en Panamá. Lotería 51.93–107.

Fuente, Julio de la. 1947. Definición, pase y desesperación del indio en México. América Indígena 7.63–69.

Gamkrelidze, Thomas V. 1978. On the correlation of stops and fricatives in a phonological system. Universals of human language. Ed. Joseph H. Greenberg. Stanford: Stanford University Press. 2.9–46.

Gass, Susan, and Josh Ard. 1980. L2 data: Their relevance for language universals. TESOL Quarterly 14.443–452.

Gass, Susan, and Larry Selinker. 1983. Language transfer and language learning. Rowley, Mass: Newbury House.

Gibson, Charles. 1966. Spain in America. New York: Harper and Row.

Gili Gaya, Samuel. 1961 [and subsequent editions]. Curso superior de sintaxis española. Barcelona: Bibliograf.

Goldin, Frederick. 1983. Lyrics of the troubadours and trouvères: An anthology and a history. Gloucester, Mass: Peter Smith.

Goldsmith, John. 1976. Autosegmental phonology. Ph.D. thesis, MIT. [Published, New York: Garland, 1979.]

Goldsmith, John. 1979. The aims of autosegmental phonology. In: Current approaches to phonological theory. Ed. Daniel A. Dinnsen. Bloomington: Indiana University Press. 202–222.

González, Carlisle, and Celso Benavides. 1982. ¿Existen rasgos criollos en el habla de Samaná? In: Orlando Alba, ed. 1982. 105–132.

González, Jorge E. 1981. The role of phonology in class distinction in Venezuelan Spanish. M.A. thesis, University of New Hampshire.

González Echegaray, Carlos. 1958. Morfología y sintaxis de la lengua bujeba. Madrid: Instituto de Estudios Africanos.

González Echegaray, Carlos. 1959. Estudios guineos. Vol. 1: Filología. Madrid: Instituto de Estudios Africanos.

Grace , Lee Ann. 1980. Los mestizos y los indigenismos: México, 1550–1600. In: Gary E. Scavnicky, ed. 1980. 113–127.

Granda, Germán de. 1966. La velarización de /R/ en el español de Puerto Rico. Revista de Filología Española 49.181–227.

Granda, Germán de. 1968. Posibles vías directas de introducción de africanismos en el 'habla de negro' literaria castellana. Thesaurus 24.459–469.

Granda, Germán de. 1977. Estudios sobre un área dialectal hispanoamericana de población negra: las tierras bajas occidentales de Colombia. Bogotá: Caro y Cuervo.

Granda, Germán de. 1978. Estudios lingüísticos hispánicos, afrohispánicos y criollos. Madrid: Gredos.

Gregerson, Edgar. 1977. Language in Africa. New York: Gordon and Breach.

Guitart, Jorge M. 1973. Markedness and a Cuban dialect of Spanish. Ph.D. thesis, Georgetown University. [Published 1976: Georgetown University Press.]

Guitart, Jorge M. 1975. Phonetic neutralization in Spanish and universal phonetic theory. In: 1974 Colloquium on Spanish and Portuguese Linguistics. Edd. William Milan, John Staczek, and Juan Zamora. Washington: Georgetown University Press.

Guitart, Jorge M. 1976. Markedness and a Cuban dialect of Spanish. Washington: Georgetown University Press.

Guitart, Jorge M. 1980a. Some theoretical implications of liquid gliding in Cibaeño Spanish. Unpublished paper presented at the Tenth Linguistic Symposium on Romance Languages, University of Washington.

Guitart, Jorge M. 1980b. En torno a la sílaba como entidad fonética en los dialectos del Caribe Hispánico. Paper read at the 5th Simposio de Dialectología del Caribe Hispánico. Caracas, Venezuela.

Guitart, Jorge M. 1981. En torno a la sílaba como entidad fonemática en los dialectos del Caribe hispánico. Thesaurus 36.457–463.

Guitart, Jorge M. 1986. The case for a syntax-dependent postlexical module in Spanish phonology. Paper read at the Linguistic Symposium on Romance Languages XVI, Austin, March.

Guthrie, Michael. 1953. The Bantu languages of western equatorial Africa. London: International African Institute.

Gutiérrez Araus, María Luz. 1978. Estructuras sintácticas del español actual. Madrid: Sociedad General Española de Librería.

Haden, Ernest F., and Joseph H. Matluck. 1973. El habla culta de La Habana: Análisis fonológico preliminar. Anuario de Letras 11.5–53.

Hadlich, Roger L. 1973. Gramática transformacional del español. Madrid: Gredos.

Hadlich, Roger, et al. 1968. A drillbook of Spanish pronunciation. New York: Harper and Row.

Halle, Morris. 1962. Phonology in generative grammar. Word 18.54–72.

Halle, Morris, and J-R. Vergnaud. 1980. Three dimensional phonology. Journal of Linguistic Research 1.83–105.

Hammond, Robert M. 1976a. Phonemic restructuring of voiced obstruents in Miami-Cuban Spanish. In: 1975 Colloquium on Hispanic Linguistics. Edd. Frances M. Aid, Melvyn C. Resnick, and Bohdan Saciuk. Washington: Georgetown University Press. 42–51.

Hammond, Robert M. 1976b. Some theoretical implications from rapid speech phenomena in Miami-Cuban Spanish. Ph.D. thesis, University of Florida.

Hammond, Robert M. 1986a. En torno a una regla global en la fonología del español de Cuba. In: Rafael A. Núñez-Cedeño et al., edd. 31–39.

Hammond, Robert M. 1986b. Compensatory lengthening — some preliminary data in support of an autosegmental analysis. Paper read at the Southeastern Conference on Linguistics XXXV, Atlanta, November 1986.

Harris, James W. 1969. Spanish phonology. Cambridge: MIT Press.

Harris, James W. 1973. On the order of certain phonological rules in Spanish. In: A festschrift for Morris Halle. Edd. Stephen R. Anderson and Paul Kiparsky. New York: Holt. 59–76.

Harris, James W. 1974. On certain claims concerning Spanish phonology. Linguistic Inquiry 5.271–282.

Harris, James W. 1983a. Syllable structure and stress in Spanish: A nonlinear analysis. Cambridge: MIT Press.

Harris, James W. 1983b. Autosegmental phonology, lexical phonology, and Spanish nasals. Unpublished MS.

Harris, James W. 1986a. El modelo multidimensional de la fonología y la dialectología caribeña. In: Rafael A. Núñez Cedeño et al., edd. 1986. 41–52.

Harris, James W. 1986b. Spanish syllable structure. Paper read at the Second Biennial Northeast Regional Meeting of the American Association of Teachers of Spanish and Portuguese, September 1986. Amherst: University of Massachusetts.

Haverkate, Henk. 1979. Impositive sentences in Spanish. Amsterdam: North-Holland.

Heise, D.R. 1970. The semantic differential in attitude research. In: Attitude measurement. Ed. Gene F. Summers. Chicago: Rand McNally.

Henríquez Ureña, Pedro. 1975 [1940, same pagination]. El español en Santo Domingo. Santo Domingo: Taller.

Hernanz, M.L. 1982. El infinitivo en español. Barcelona: Universidad Autónoma de Barcelona.

Hoetink, Harry. 1973. Slavery and race relations in the Americas: Comparative notes on their nature and nexus. New York: Harper and Row.

Hooper, Joan B. 1973. Aspects of natural generative phonology. Ph.D. thesis, University of California, Los Angeles.

Hooper, Joan B. 1976. An introduction to natural generative phonology. New York: Academic Press.

Hooper, Joan B., and Tracy D. Terrell. 1976. Stress assignment in Spanish: A natural generative analysis. Glossa 10.64–110.

Hymes, Dell, ed. 1971. Pidginization and creolization of language. Cambridge: Cambridge University Press.

Isbâşescu, Cristina. 1968. El español en Cuba. Bucharest: Sociedad Rumana de Lingüística Románica.

Jakobson, Roman. 1968. Child language, aphasia, and phonological universals. The Hague: Mouton.

Jakobson, Roman, Gunnar Fant, and Morris Halle. 1951. Preliminaries to speech analysis. Cambridge: MIT Press.

Jiménez Sabater, Maximiliano A. 1975. Más datos sobre el español de la República Dominicana. Santo Domingo: INTEC.

Joly, Luz Graciela. 1981. The ritual play of the congos of north-central Panama: Its sociolinguistic implications. In: Sociolinguistic Working Paper 85. Austin, Texas: Southwest Developmental Library.

Jorge Morel, Elercia. 1974. Estudio lingüístico de Santo Domingo: Aportación a la geografía lingüística del Caribe e Hispano América.

Kany, Charles E. 1951. American-Spanish syntax. 2 ed. Chicago: University of Chicago Press.

Kany, Charles E. 1960. American-Spanish euphemisms. Berkeley: University of California Press.

Keniston, Hayward. 1937. The syntax of Castilian prose: The sixteenth century. Chicago: University of Chicago Press.

Kenstowitz, Michael, and Charles Kisseberth. 1970. Rule ordering and the asymmetry hypothesis. In: CLS VI.504–519. Chicago: Chicago Linguistic Society, University of Chicago.

Kenstowitz, Michael, and Charles Kisseberth. 1973. The multiple application problem in phonology. In: Studies in generative phonology. Ed. Charles Kisseberth. Champaign, Ill.: Linguistic Research. 13–41.

Kiparsky, Paul. 1973. Phonological representations. In: Three dimensions of linguistic theory. Ed. Osamu Fujimura. Tokyo: Institute for Advanced Studies in Linguistics. 1–136.

Kisseberth, Charles W. 1972. An argument against the principle of simultaneous application of rules. Linguistic Inquiry 3.393–396.

Kisseberth, Charles W. 1973. On the alternation of vowel length in Klamath: A global rule. In: Issues in phonological theory. Edd. Michael Kenstowicz and Charles W. Kisseberth. The Hague: Mouton. 9–26.

Klein Andreu, Flora. 1980. La cuestión del anglicismo: apriorismos y métodos. Boletín de la Academia Puertorriqueña de la Lengua Española 8.58–71.

Koster, Jan, and Robert May. 1982. On the constituency of infinitives. Language 58.116–143.

Krashen, Stephen D. 1978. The monitor model for second language acquisition. In: Second language acquisition and foreign language teaching. Ed. Rosario C. Gingras. Arlington, Va: Center for Applied Linguistics. 1–26.

Krashen, Stephen D., Victoria Sfrelazza, Lorna Feldman, and Ann K. Fatham. 1976. Adult performance on the SLOPE test: More evidence for a natural sequence in adult second language acquisition. Language Learning 26.145–151.

Labov, William. 1972. Sociolinguistic patterns. Philadelphia: University of Pennsylvania Press.

Larsen-Freeman, Diane. 1975. The acquisition of grammatical morphemes by adult ESL students. TESOL Quarterly 9.409–420.

Lavandera, Beatriz. 1981. Lo quebramos, but only in performance. In: Latino language and communicative behavior. Ed. Richard P. Durán. Northwood, N.J.: ABLEX. 49–67.

Leben, William R. 1973. Suprasegmental phonology. Ph.D. thesis, MIT. [Published, New York: Garland, 1979.]

Lenz, Rodolfo. 1944. La oración y sus partes. Santiago [Chile]: Nascimiento.

Levitán, Aida. 1980. Hispanics in Dade County: Their characteristics and needs. Miami: Office of the County Manager.

Liniger-Goumaz, Max. 1979. Historical dictionary of Equatorial Guinea. Metuchen, N.J.: Scarecrow Press.

Lipski, John. 1983. La norma culta y la norma radiofónica: /s/ y /n/ en español. Language Problems and Language Planning 7.239–262.

Lipski, John. 1984a. Observations on the Spanish of Malabo, Equatorial Guinea. Hispanic Linguistics 1.69–96.

Lipski, John. 1984b. Weakening of /s/ in Latin American Spanish. Zeitschrift für Dialectologie und Linguistik 51.31–43.

Lipski, John. 1985. The speech of the negros congos of Panama. Hispanic Linguistics 2.23–47.

Lipski, John. (in press a). La descontinuidad fonética como criterio dialectológico. Thesaurus.

Lipski, John. (in press b). Contactos hispano-africanos en la Guinea Ecuatorial. Anuario de Letras.

Lipski, John. (in press c). La resistencia paradigmática en el consonantismo del español caribeño. Fonos [Maracaibo].

Lladó Berríos, Nitza. 1978. English as a second language in Puerto Rico: A language attitude study and its pedagogical implications. Ph.D. thesis, University of Florida.

López Laguerre, M. 1983. Las actitudes sociolingüísticas del maestro puertorriqueño hacia el bilingüísmo en Puerto Rico. Ph.D. thesis, Universidad de Puerto Rico.

López Morales, Humberto. 1971. Estudios sobre el español de Cuba. New York: Las Américas.

López Morales, Humberto. 1980a. Actitudes hacia el español, el inglés y el bilingüismo en la zona metropolitana de San Juan. Unpublished MS, Instituto de Lingüística, Universidad de Puerto Rico.

López Morales, Humberto. 1980b. Sobre la pretendida existencia y pervivencia del 'criollo' cubano. Anuario de Letras 18.85–116.

López Morales, Humberto. 1982. Estratificación social del español de San Juan de Puerto Rico. México: UNAM.

Ma, Roxana, and Eleanor Herasimchuk. 1971. The linguistic dimensions of a bilingual neighborhood. In: Bilingualism in the barrio. Edd. Joshua A. Fishman et al. Bloomington: Indiana University Press. 347–464.

MacDonald, Marguerite G. 1985. Cuban-American English: The second generation in Miami. Ph.D. thesis, University of Florida.

Malaret, Augusto. 1967. Vocabulario de Puerto Rico. 2 ed. New York: Las Américas.

Manfredi, Domingo. 1957. Tierra negra. Barcelona: Luis de Caralt.

Marrero, Mariana, et al. 1982. Consideraciones sobre la /r/ implosiva en el español de niños de dos instituciones educativas de Santiago. In: Orlando Alba, ed. 1982. 171–181.

Matluck, Joseph. 1961. Fonemas finales en el consonantismo puertorriqueño. Nueva Revista de Filología Hispánica 15.332–342.

Mauro, J. 1984. Actitudes lingüísticas hacia el gallego de los alumnos de E.G.B. Santiago de Compostela: Universidad de Santiago de Compostela.

McCarthy, John. 1979. Formal problems in semitic phonology and morphology. Ph.D. thesis, MIT.

Megenney, William, 1982. Elementos subsaháricos en el español domini-

cano. In: Orlando Alba, ed. 1982. 183–202.
Meier, Gus, and Pieter Muysken. 1977. On the beginnings of pidgin and creole studies: Schuchardt and Hesserling. In: Albert Valdman, ed. 1977. 21–48.
Mellafe, Rolando. 1964. La esclavitud en Hispanoamérica. Buenos Aires: Editorial Universitaria.
Mellafe, Rolando. 1975. Negro slavery in Latin America. Trans. J.W.S. Judge. Berkeley: University of California Press.
Mendonça, Renato. 1933. A influência africana no português do Brasil. Rio de Janeiro: Saver.
Menéndez Pidal, Ramón. 1962. Sevilla frente a Madrid. In: Miscelánea homenaje a André Martinet. Ed. Diego Catalán. La Laguna: Universidad de La Laguna. Vol. 3. 99–165.
Menyuk, Paula. 1968. The role of distinctive features in children's acquisition of phonology. Journal of Speech and Hearing 11.138–156.
Menyuk, Paula. 1971. The acquisition of language. Englewood Cliffs, N.J.: Prentice-Hall.
Miller, D. Gary. 1975. On constraining global rules in phonology. Language 51.128–132.
Mintz, Sidney. 1971. The socio-historical background to pidginization and creolization. In: Dell Hymes, ed. 1971. 481–496.
Montes Giraldo, José J. 1974. El habla del Chocó: notas breves. Thesaurus 29.409–428.
Morais Barbosa, José. 1967. Estudos lingüísticos crioulos. Lisboa: Academia Internacional da Cultura Portuguêsa.
Morales, Amparo. 1979. Estructuras sintácticas anglicadas: Análisis transformacional. Boletín de la Academia Puertorriqueña de la Lengua Española 7.111–128.
Morales, Amparo. 1982. La perspectiva dinámica oracional en el español de Puerto Rico. In: Orlando Alba, ed. 1982. 203–219.
Morales, Amparo. 1984. La redundancia de sujeto pronominal en el español de Puerto Rico: Análisis de la hipótesis funcional. Paper presented at the III Simposio de Lengua Española, Cabildo Insular, Las Palmas de Gran Canaria.
Moreno Navarro, Isidoro. 1973. Los cuadros del mestizaje americano: Estudio antropológico del mestizaje. Madrid: J. Porrúa Turanzos.
Mörner, Magnus. 1967. Race mixture in the history of Latin America. Boston: Little, Brown.
Morton, K., and M. Tatham. 1980. Devoicing, aspiration, and nasality: Cases of universal misunderstanding? Language Center Occasional Papers [University of Essex] 23.90–103.
Mosonyi, Esteban, et al. 1971. El habla de Caracas. Caracas: Biblioteca de la Universidad Central de Venezuela.
Muñoz, M. 1973. Actitudes de estudiantes de cuarto año hacia voces gra-

badas en inglés y en español. Ph.D. thesis, Universidad de Puerto Rico.
Naro, Anthony. 1978. A study on the origins of pidginization. Language 54.314–347.
Navarro Tomás, Tomás. 1948 (2 ed., 1966). El español en Puerto Rico. Río Piedras: Universidad de Puerto Rico.
Navarro Tomás, Tomás. 1956. Apuntes sobre el español dominicano. Revista Iberoamericana 21.417–428.
Navarro Tomás, Tomás. 1966. Manual de entonación española. México: Editorial Málaga, S.A.
Navarro Tomás, Tomás. 1968. Manual de pronunciación española. Madrid: Revista de Filología Española.
Ndongo Esono, Salvador. 1956. Gramática pamué. Madrid: Instituto de Estudios Africanos.
Nogeira Batalha, Graciela. 1958. Estado actual do dialect macaense. Revista Portuguêsa de Filologia 9.177–213.
Nosti Nava, Jaime. 1969. Notas geográficas y económicas sobre los territorios españoles del Golfo de Guinea. Madrid: Instituto de Estudios Africanos.
Núñez-Cedeño, Rafael. 1977. Fonología del español de Santo Domingo. Ph.D. thesis, University of Minnesota.
Núñez-Cedeño, Rafael. 1980. La fonología moderna y el español de Santo Domingo. Santo Domingo: Taller.
Núñez-Cedeño, Rafael. 1982a. El español de Villa Mella: Un desafío a las teorías fonológicas modernas. In: Orlando Alba, ed. 1982. 221–236.
Núñez-Cedeño, Rafael. 1982b. Hacia una caracterización adecuada de la *n* final en el español de Santo Domingo. Paper presented at the VII Simposio de Dialectología del Caribe Hispánico, San Juan, Puerto Rico.
Núñez-Cedeño, Rafael. 1985. Análisis métrico de la acentuación verbal en español. Revista de Lingüística Argentina 1.107–32.
Núñez-Cedeño, Rafael. 1986. On the three-tiered syllabic theory and its implications for Spanish. In: Selected papers from the XIIIth Linguistic Symposium on Romance Languages. Edd. Larry D. King and Catherine A. Maley. Amsterdam: Benjamins. 261–285.
Núñez-Cedeño, Rafael A., Iraset Páez Urdaneta, and Jorge M. Guitart, edd. 1986. Estudios sobre la fonología del español del Caribe. Caracas: Fundación de Casa de Bello.
Obediente, Enrique. 1982. El fonetismo del español hablado en Venezuela. Phonos 1.62–109.
Obregón, Hugo. 1983. Hacia la planificación del español de Venezuela y la determinación de una política lingüística. Caracas: Instituto Universitario Pedagógico de Caracas.
O'Conner, J.D. 1973. Phonetics. Middlesex, England: Penguin Books.
Ortiz, Fernando. 1916. Hampa afro-cubana: los negros brujos. Havana. [Also, rpt. Miami: Ediciones Universal, 1973.]

Otheguy, Ricardo. 1975. The Spanish Caribbean: A creole perspective. In: New ways of analyzing variation in English. Edd. Charles-James N. Bailey and Roger W. Shuy. Washington: Georgetown University Press. 323–339.

Pélissier, René. 1964. Los territorios españoles de Africa. Madrid: Instituto de Estudios Africanos.

Pereda, B. 1920. Compendio de gramática bubi. Barcelona: Lucet.

Pérez, G., and L. Sorinas. 1928. Gramática de la lengua benga. Santa Isabel: Vicariato Apostólico de Fernando Poo.

Perlmutter, David M. 1971. Les pronoms objets en espagnol: un example de la necessité de contraintes de surface en syntax. Languages 14.81–133.

PILEI=Programa Interamericano de Lingüística y Enseñanza de Idiomas. 1967. El Simposio de Bloomington, agosto de 1964: Actas, informes y comunicaciones. Bogotá: Caro y Cuervo.

Pitt-Rivers, Julian. 1968. Race, color, and class in Central America and the Andes. In: Color and race. Ed. John Hope Franklin. Boston: Houghton Mifflin. 264–281.

Poplack, Shana. 1979a. No case for convergence: The Puerto Rican Spanish verb system in a language contact situation. Centro Working Papers 5. New York: City University of New York.

Poplack, Shana. 1979b. Sobre la elisión y la ambigüedad en el español puertorriqueño: El caso de la /n#/ verbal. Boletín de la Academia Puertorriqueña de la Lengua Española 7.129–144.

Portes, Alejandro, Juan M. Clark, and Manuel M. López. 1981. Six years later, the process of incorporation of Cuban exiles in the United States: 1973–1979. Cuban Studies 11.1–24.

Príncipe, Jorge. 1973. Attitudes towards the English language. Ph.D. thesis, Universidad de Puerto Rico.

Pujadas, T.L. 1969. Geografía e historia de la Guinea Ecuatorial. Santa Isabel: Claret.

Quilis, Antonio, and Joseph A. Fernández. 1972. Curso de fonética y fonología españolas. Madrid: Consejo Superior de Investigaciones Científicas.

Ramos, Arthur. 1937. As culturas negras no nôvo mundo. Rio de Janeiro: Civilização Brasileira.

Real Academia Española. 1974. Esbozo de una nueva gramática de la lengua española. Madrid: Espasa-Calpe.

Reinecke, John. 1938. Trade jargons and creole dialects as marginal languages. Social Forces 17.107–118.

Resnick, Melvyn C. 1975. Phonological variants and dialect identification in Latin American Spanish. The Hague: Mouton.

Resnick, Melvyn C., and Robert M. Hammond. 1975. The status of quality and length in Spanish vowels. Linguistics 156.79–88.

Reuter, Edward Byron. 1918. The mulatto in the United States, including a study of the role of mixed-blood races throughout the world. Boston: R.G. Badger.

Richards, Jack C. 1971. A non-contrastive approach to error analysis. English Language Teaching Journal 25.204–219.

Richards, Jack C. 1972. Some social aspects of language learning. TESOL Quarterly 6.243–254.

Robe, Stanley. 1960. The Spanish of rural Panama. Berkeley: University of California Press.

Rojas, Nelson. 1982. Sobre la semivocalización de las líquidas en el español cibaeño. In: Orlando Alba, ed. 1982. 271–278.

Rojo, G. 1979. Aproximación a las actitudes lingüísticas del profesorado de E.G.B. en Galicia. Santiago de Compostela: Universidad de Santiago de Compostela.

Romero, Fernando. 1944. The slave trade and the Negro in South America. Hispanic American Historical Review 24.368–386.

Rosansky, Ellen J. 1976. Methods and morphemes in second language acquisition research. Language Learning 26.409–425.

Rosario, Ruben del. 1970. El español en América. Sharon, Conn.: Troutman Press.

Rosario, Ruben del. 1974. La lengua de Puerto Rico. Río Piedras: Cultural.

Rubach, Jerzy. 1984. Segmental rules of English and cyclical phonology. Language 60.21–54.

Saavedra, Mayra. 1982. Posiciones finales en el español de Valera. Trabajo de ascenso, Universidad del Zulia [Venezuela].

Sableski, J.A. 1965. A generative study of two Spanish dialects. Seattle: University of Washington Press.

Saciuk, Bohdan. 1969. Lexical strata in generative phonology (with illustrations from Ibero-Romance). Ph.D. thesis, University of Illinois.

Saciuk, Bohdan. 1980. Estudio comparativo de las realizaciones fonéticas de /y/ en dos dialectos del Caribe hispánico. In: Gary E. Scavnicky, ed. 1980. 16–31.

Salvadó y Cos, Francisco. 1891. Colección de apuntes preliminares sobre la lengua bemba. Madrid: A Pérez Dubrull.

Santamaría, Francisco J. 1942. Diccionario general de americanismos. 3 vols. México: Pedro Robredo.

Scantamburlo, Luigi. 1981. Gramática da língua criol da Guiné-Bissau. Bologna: Editrice Missionaria Italiana.

Scavnicky, Gary E., ed. 1980. Dialectología hispanoamericana. Washington: Georgetown University Press.

Selinker, Larry. 1972. Interlanguage. International Review of Applied Linguistics 10.209–231.

Selinker, Larry, Merrill Swain, and Guy Dumas. 1975. The interlanguage hypothesis extended to children. Language Learning 25.139–152.

Shuy, Roger W., and Ralph W. Fasold, eds. Language attitudes: Current trends and prospects. Washington: Georgetown University Press.

Silva-Corvalán, Carmen. 1977. A discourse study of some aspects of word order in the Spanish spoken by Mexican Americans in West Los Angeles. M.A. thesis, University of California, Los Angeles.

Silva-Corvalán, Carmen. 1982. Subject expression and placement in Mexican-American Spanish. In: Spanish in the United States. Edd. Jon Amastae and Lucía Elías Olivares. New York: Cambridge University Press. 93–120.

Snyder, James G., and Charles E. Osgood, edd. 1969. Semantic differential technique. Chicago: Aldine.

Solaún, Mauricio, and Sidney Kronus. 1973. Discrimination without violence: Miscegenation and racial conflict in Latin America. New York: Wiley.

Solé, Carlos A. 1970. Bibliografía sobre el español en América 1920–1967. Washington: Georgetown University Press.

Soler, Bartolomé. 1957. La selva humillada. Barcelona: Planeta.

Stampe, David L. 1972. A dissertation on natural phonology. Ph.D. thesis, University of Chicago.

Stockwell, Robert H., and J. Donald Bowen. 1965. The sounds of English and Spanish. Chicago: University of Chicago Press.

Studerus, L.H. 1974. Imperativity as a universal: Spanish paraphrases. Ann Arbor: University Microfilms.

Suñer, Margarita. 1974. Where does impersonal *se* come from? In: Campbell et al., edd., 1974. 146–157.

Suñer, Margarita. 1983. Subjects of infinitives in standard and Caribbean Spanish. Unpublished MS, Cornell University.

Szabo, Robert K. 1974. Deep and surface structure order of the Spanish clitics. In: Campbell et al., edd., 1974. 139–145.

Terrell, Tracy D. 1975a. La aspiración y la elisión en el español cubano. Actas del V Congreso de la Asociación de Lingüística y Filología de la América Latina. 627–637.

Terrell, Tracy D. 1975b. Functional constraints on the deletion of word final /s/ in Cuban Spanish. Berkeley Linguistic Society 1.431–437.

Terrell, Tracy. 1975c. La nasal implosiva y final en el español de Cuba. Anuario de Letras 13.257–271.

Terrell, Tracy D. 1976a. La variación fonética de /r/ y /rr/ en el español cubano. Revista de Filología Española 58.109–132.

Terrell, Tracy D. 1976b. La aportación a la teoría fonológica de los estudios dialectales antillanos. In: Corrientes actuales en la dialectología del Caribe Hispánico. Ed. Humberto López Morales, 1978. Río Piedras: Universidad de Puerto Rico. 217–238.

Terrell, Tracy. 1977a. Universal constraints on variable deleted consonants: Evidence from Spanish. Canadian Journal of Linguistics 22.156–168.

Terrell, Tracy. 1977b. Constraints on the aspiration and deletion of final /s/ in Cuba and Puerto Rico. Revista Bilingüe/Bilingual Review 4.35–51.

Terrell, Tracy. 1978. Aspiración y elisión del fonema /s/ en el español de Puerto Rico. Paper presented at the IV Congreso de la Asociación de Lingüística y Filología de la América Latina, Caracas.

Terrell, Tracy. 1979. Final /s/ in Cuban Spanish. Hispania 62.599–612.

Tessman, Günther. 1913. Die Pangwe. Berlin: Ernst Wasmuth.

Tessman, Günther. 1923. Die Bubi. Hagen: Folkwang.

Thompson, Robert W. 1957. A preliminary survey of the Spanish dialect of Trinidad. Orbis 6.353–372.

Thompson, Robert W. 1959. O dialecto português de Honkong. Actes du 9me Congrès International de Linguistique Romane (Lisboa, 1958). Vol. 2. 289–293.

Todd, Loreto. 1974. Pidgins and creoles. London: Routledge and Kegan Paul.

Trista, A., and S. Valdés. 1978. El consonantismo en el habla popular de La Habana. Havana: Editorial de Ciencias Sociales.

Uber, Diane Ringer. 1980. La percepción y producción de *-s* y *-n* en el español de Puerto Rico. Boletín de la Academia Puertorriqueña de la Lengua Española 8.122–133.

Ullman, Stephen. 1962. Semantics: An introduction to the science of meaning. New York: Barnes and Noble.

Universidad Interamericana de Puerto Rico and Instituto Nacional de Educación. 1981. Una evaluación de la enseñanza de un segundo idioma en Puerto Rico y sus consecuencias para el adiestramiento en servicio. San Juan: Universidad Interamericana.

Unzueta y Yuste, A. 1947. Historia geográfica de la isla de Fernando Poo. Madrid: Instituto de Estudios Africanos.

Valdman, Albert, ed. 1977. Pidgin and creole linguistics. Bloomington: Indiana University Press.

Valkhoff, Marius. 1966. Studies in Portuguese and creole. Johannesburg: Witwatersrand University.

Vallejo-Claros, Bernardo. 1970. La distribución y estratificación de /r/, /r̄/, y /s/ en el español cubano. Ph.D. thesis, University of Texas, Austin.

Vandiver, Marylee Mason. 1949. Racial classifications in Latin American censuses. Social Forces 28.138–146.

Vaquero de Ramírez, María. 1972. Algunos fenómenos fonéticos señalados por Navarro Tomás en *El español en Puerto Rico* a la luz de las investigaciones posteriores. Revista de Estudios Hispánicos 2.243–251.

Vila, Isidro. 1891. Elementos de gramática ambú o de Annobón. Madrid: A. Pérez Dubrull.

Weber de Kurlat, Frida. 1962. Sobre el negro como tipo cómico en el teatro español del siglo XVI. Romance Philology 17.380–391.

Welmers, William. 1973. African language structures. Berkeley: University of California Press.

Wiarda, Howard J. 1969. The Dominican Republic: Nation in transition. New York: Praeger.

Williams, Frederick. 1973. Some recent studies of language attitudes. In: Some new directions in linguistics. Ed. Roger W. Shuy. Washington: Georgetown University Press.

Wilson, W. 1962. The crioulo of Guiné. Johannesburg: Witwatersrand University.

Wölck. Wolfgang. 1973. Attitudes toward Spanish and Quechua in bilingual Peru. In: Language attitudes: Current trends and prospects. Edd. Roger W. Shuy and Ralph W. Fasold. Washington: Georgetown University Press. 129–147.

Woodbridge, Hensley C. 1948. Glossary of names used in colonial Latin America for crosses among Indians, Negroes, and whites. Journal of the Washington Academy of Sciences 38.353–362.

Zaccaria, Enrico. 1927. L'elemento ibérico nella lingua italiana. Bologna: Cappelli.

Zamora Loboch, Miguel. 1962. Noticia de Annobón. Fernando Poo: Diputación Provincial.

Zárate, Manuel. 1962. Socavón y tambor. Panamá: Imprenta Nacional.

Zavala, Silvio. 1967. Aspectos históricos de los desarrollos lingüísticos hispanoamericanos en la época colonial. Jahrbuch für Geschichte von Staat Wirtschaft und Gesellschaft Lateinamerikas 4.17–36.

Zobl, Helmut. 1980. Developmental and transfer errors: Their common bases and (possibly) differential effects on subsequent learning. TESOL Quarterly 14.469–479.

GEORGETOWN UNIVERSITY PRESS

Romance Languages and Linguistics Series

ROMANCE COLLOQUIA

1975 COLLOQUIUM ON HISPANIC LINGUISTICS
Frances M. Aid, Melvyn C. Resnick, Bohdan Saciuk, editors

SPANISH AND PORTUGUESE IN SOCIAL CONTEXT
John J. Bergen and Garland D. Bills, editors

LINGUISTIC SYMPOSIUM ON ROMANCE LANGUAGES: 9
William W. Cressey and Donna Jo Napoli, editors

STUDIES IN CARIBBEAN SPANISH DIALECTOLOGY
Robert M. Hammond and Melvyn C. Resnick, editors

COLLOQUIUM ON SPANISH AND LUSO-BRAZILIAN LINGUISTICS
James P. Lantolf, Francine Wattman Frank, Jorge M. Guitart, editors

CURRENT STUDIES IN ROMANCE LINGUISTICS
Marta Luján and Fritz G. Hensey, editors

1974 COLLOQUIUM ON SPANISH AND PORTUGUESE LINGUISTICS
William G. Milan, John J. Staczek, Juan C. Zamora, editors

LINGUISTIC APPROACHES TO THE ROMANCE LEXICON
Frank H. Nuessel, Jr., editor

DIALECTOLOGIA HISPANOAMERICANA: ESTUDIOS ACTUALES
Gary E. A. Scavnicky, editor

ON SPANISH, PORTUGUESE, AND CATALAN LINGUISTICS
John J. Staczek, editor

CONTEMPORARY STUDIES IN ROMANCE LINGUISTICS
Margarita Suñer, editor

www.ingramcontent.com/pod-product-compliance
Lightning Source LLC
LaVergne TN
LVHW090809070826
844660LV00022B/1126

9780878400980